中央高校基本科研业务费专项资金资助

国家提供跨国公共物品的动力分析

An Analysis to the Motivation of Nation States in Providing Transnational Public Goods

杨 昊 ◎著

时事出版社
北京

图书在版编目（CIP）数据

国家提供跨国公共物品的动力分析/杨昊等.—北京：时事出版社，2018.2
ISBN 978-7-5195-0154-9

Ⅰ.①国… Ⅱ.①杨… Ⅲ.①公共物品—供给制—研究—中国 Ⅳ.①F20

中国版本图书馆 CIP 数据核字（2017）第 296338 号

出 版 发 行：时事出版社
地　　　址：北京市海淀区万寿寺甲 2 号
邮　　　编：100081
发 行 热 线：(010) 88547590　88547591
读者服务部：(010) 88547595
传　　　真：(010) 88547592
电 子 邮 箱：shishichubanshe@ sina. com
网　　　址：www. shishishe. com
印　　　刷：北京朝阳印刷厂有限责任公司

开本：787×1092　1/16　印张：14　字数：172 千字
2018 年 2 月第 1 版　2018 年 2 月第 1 次印刷
定价：85.00 元
（如有印装质量问题，请与本社发行部联系调换）

序

　　从公共物品的角度研究国内政治与国际关系、国家治理与全球治理，既是一个非常有价值的学术方向与学术领域，更是一个颇具现实需求和意义的实践问题。就国内视角而言，现代国家已从传统的阶级国家转向全民国家，从政治国家转向社会国家，从民族国家转向全球性国家。换言之，对国家的认知，已从强调政治性转向更多强调社会性，从强调主权和领土性开始转向重视超国家性、超领土性，国家与民族本位已明显受到人类本位的冲击与挑战。一句话，国家已具有更多的公共性。正是这种公共性的凸显，使得国内政治与国家治理都更加重视公共物品的提供，并且这种提供还有了新的向度。如果说以往国内公共物品的提供主要被理解为维护主权、搞好国防建设，以及保障公共秩序，那么今天则把公民的社会保障与社会福利，即民生，提到了更加重要的地位。就国际视角而言，人类已进入全球化时代，日益紧密的相互依存和方兴未艾的全球问题，将人类联结为一个命运共同体。如何在这种新的背景下处理复杂的国际关系和人类公共事务，同样对公共物品有了更多、更急迫的需求与期盼。当代国际关系在很大程度上意味着对全球化、全球问题的治理，从气候变暖到金融危机、国际恐怖主义，全球化进程中的这些问题都要求国际社会通过对话、协商去进行应对与治理。而所谓治理，无非是达成有约束力的共识、规范、公约，或安排和提供资金、技术等物品，从而从制度框架和实物形态两方面提供公共物品。在这个意义上我们不妨说，公共物品的提供是实施全球治理的主要内容，同时也是开展和推动全球治理的有效方式与途径。如果各国乃至整个国际社会在提供公共物品方面采取观望、搭便车的态度与政策，不能尽其所能并达成共识，则全球问题就无望解决，全球治理也只能是空谈。当前解决气候变暖问题的进程之所以迟缓，应对国际金融危机的效果之所以乏力，从某种意义上讲就在于提供公共物品的自觉意识缺失，国家私利和争取相对获益的传统现实主义思维仍在作祟。鉴于此，关于公共物品的国际视角的研究也活跃起来。从20世纪90年代起，在全球公共物品、国际公共物品、跨国公共物品、区域公共物品等名目下，公共物品的国际视角的研究迈入相对兴旺的时期。

杨昊博士的《国家提供跨国公共物品的动力分析》一书，为当下兴起的公共物品的国际视角研究提供了一本新的力作。这部著作的中轴与主线是立足于国家来探讨提供跨国公共物品的动力，并在此基础上提炼出国家提供跨国公共物品的五种动力模式，或称路径，即积极—主动型、积极—被动型、消极—主动型、消极—被动型以及无意识供给，并予以深入的学理阐释和案例分析。为什么选择这样一个中轴、主线，以何种逻辑与理论将这个中轴、主线贯穿于全书，是该书提出并且很好地回答了的问题。笔者认为这本书值得称道并给人以启发之处是：

首先，聚焦于国家来探讨跨国公共物品的提供。尽管参与跨国公共物品提供的行为体众多，如国际组织、全球公民社会、跨国公司乃至个人，但在现实的国际关系中，国家仍是提供和管理跨国公共物品的中坚力量，是最基本、最重要的行为体。跨国公共物品的提供与管理，本身需要更多的全球性思维和全球主义理念，就此而言，它是理想主义的，但这不意味着国家就不会提供跨国公共物品，或只能扮演一个搭便车者。杨昊博士的研究表明，在一定条件下，基于国家理性和国家良性互动，国家完全可以成为跨国公共物品的提供者。从这个角度看，提供跨国公共物品又是现实主义可以接受的。因此，杨昊博士称自己赞赏现实主义的理想主义，或务实的理想主义。他把这个理念融入其研究之中。

其次，着力理论综合，并以此构建国家提供跨国公共物品动力的五种模式。模式的建构与概括是否合理并得到学术界的认同，主要取决于理论说服力。杨昊博士以主动、被动、无意识三个基本要素划分了国家提供跨国公共物品的三种路径，又附之于积极、消极两个要素，建构了五种动力模式。对每一种动力模式的分析都体现了严密的逻辑性，并运用了不同的理论。如现实主义的国家理性理论，自由制度主义的国际机制与合作理论，建构主义的国家利益和规范建构学说，以及观念、价值对外交影响的学说等等。这样，我们在审视上述五种动力模式时，实际上会加深对国际关系已有理论的理解，同时又会对这种新的理论综合的解释力予以认同。

再次，坚持整体的政治观，打破国内政治与国际政治、国家治理与全球治理的界限，以整体主义理念探寻跨国公共物品的提供动力问题。这种整体主义的视野、思维和理念是当前国家关系研究最为可贵，也是最需要的。杨昊博士在全书中贯穿了这一理念，特别是关于无意识供给的阐述，从国家定位、国家治理能力、国内与国际的博弈、全球公民社会的影响诸多方面，探讨了一国提供跨国公共物品可能遇到的制约因素，以及由此导致的外交政策的调整。这样，就从提供跨国公共物品的视角，展现了一幅国际关系整体性互动的图景，从而要求以整体性思维与理念审视和处理当代国际事务。

杨昊博士的《国家提供跨国公共物品的动力分析》一书是在其博士论文的基础上修改、补充完成的。作为一个年轻的教师，他具有学者的气质，愿意以学术为生，热爱国际问题研究和全球学专业，特别是专注于跨国公共物品研究。他理论基础扎实，学术视野开阔，善于思考，敢于挑战既有的理论，开展创造性探索。作为他的导师，笔者为有这样的学生而感到高兴、自豪。这部著作只是迈开漫长学术征途的第一步，相信他一定会在个人品性和知识两个方面不断提升自己，坚定地走学术研究之路。祝愿他不断推出新的研究成果。

蔡　拓

2017 年 8 月 23 日

目录 Contents

第一章 导 论 …………………………………………………… (1)
  第一节 问题的提出与研究意义 ………………………………… (1)
    一、问题的提出：国家为什么不总是搭便车者 ……………… (1)
    二、研究意义 ……………………………………………… (6)
  第二节 文献综述与概念界定 …………………………………… (10)
    一、文献综述 ……………………………………………… (10)
    二、概念界定 ……………………………………………… (31)
  第三节 研究思路与研究方法 …………………………………… (34)
    一、研究思路 ……………………………………………… (34)
    二、研究方法 ……………………………………………… (37)
  第四节 基本框架与创新点 ……………………………………… (39)
    一、本书基本框架 ………………………………………… (39)
    二、创新点 ………………………………………………… (42)

第二章 跨国公共物品基础理论与国家供给模式 ……………… (44)
  第一节 跨国公共物品与集体行动理论 ………………………… (45)
    一、集体行动理论中的公共物品 ………………………… (45)

二、集体行动视角下的国际关系理论……………………(48)
三、集体行动理论视角下的全球治理…………………(55)
第二节　全球公共物品供给与全球秩序……………………(57)
一、全球秩序释义………………………………………(57)
二、全球公共物品与全球秩序…………………………(63)
第三节　跨国公共物品为何供给不足………………………(67)
一、主权原则与公共物品供给…………………………(67)
二、国内政治周期与公共物品供给……………………(68)
三、发展不平衡与公共物品供给………………………(69)
四、不确定性与公共物品供给…………………………(70)
第四节　跨国公共物品供给与国家…………………………(71)
一、国家供给的能力……………………………………(71)
二、国家提供跨国公共物品的模式……………………(72)

第三章　国家在提供跨国公共物品中的主动行为…………(77)
第一节　主动供给的表现和特征……………………………(78)
一、积极—主动供给及其特征…………………………(79)
二、消极—主动供给及其特征…………………………(85)
第二节　积极—主动供给的动力分析………………………(89)
一、观念与公共物品供给………………………………(90)
二、意识形态与公共物品供给…………………………(96)
三、国际定位与公共物品的供给………………………(99)
四、案例一：改革开放前的中国对外援助……………(102)
第三节　消极—主动供给的动力分析………………………(111)
一、国家理性与消极—主动供给………………………(111)
二、汇总分类法的博弈论与消极—主动供给…………(112)

三、公共性三角结构、联产品与消极—主动供给 ……… (121)
　　四、案例二：世界银行投票权 …………………………… (125)

第四章　国家在提供跨国公共物品中的被动行为 ………… (130)
第一节　被动供给的表现和特征 ……………………………… (131)
　　一、积极—被动供给及其特征 …………………………… (132)
　　二、消极—被动供给及其特征 …………………………… (136)
第二节　积极—被动供给的动力分析 ………………………… (138)
　　一、规范与积极—被动供给 ……………………………… (138)
　　二、全球公民社会与积极—被动供给 …………………… (142)
　　三、案例三：南极与丰塞卡湾 …………………………… (146)
第三节　消极—被动供给的动力分析 ………………………… (156)
　　一、现实主义的集体目标 ………………………………… (156)
　　二、权力的分配与消极—被动供给 ……………………… (157)
　　三、国际组织与消极—被动供给 ………………………… (161)
　　四、案例四：海洋生物多样性与日本捕鲸活动 ………… (163)

第五章　国家在提供跨国公共物品中的无意识供给 ………… (169)
第一节　无意识供给的定义与特征 …………………………… (169)
　　一、无意识供给具有高度的敏感性 ……………………… (170)
　　二、无意识供给的不确定性 ……………………………… (172)
第二节　无意识供给的动力分析 ……………………………… (174)
　　一、国内政治国际化 ……………………………………… (175)
　　二、国家治理与全球治理 ………………………………… (178)
　　三、案例五：边境的跨境人口流动 ……………………… (181)

结 论 ……………………………………………… (186)
一、国家提供全球公共物品与全球治理 …………… (186)
二、国家提供跨国公共物品的五种动力模式 ………… (188)
三、国家提供跨国公共物品的特征 …………………… (191)
四、国家提供全球公共物品的展望 …………………… (193)

参考文献 ……………………………………………… (195)

致 谢 ………………………………………………… (211)

第一章

导 论

> 如果可持续发展要变成现实，关于全球公共物品的争论就需要得到有力的开展。
>
> ——克里斯托弗·帕滕（Christopher Pattern）

第一节 | 问题的提出与研究意义

一、问题的提出：国家为什么不总是搭便车者

本书的写作目的，是分析国家提供跨国公共物品的动力，即哪些因素推动了国家供给，这些不同的因素是如何塑造国家供给的不同模式的。换句话说，本书旨在回答一个问题，即在跨国公共物品的供给过程中，国家为什么在有些时候没有选择成为搭便车者，并从国家的实践经验中寻求规律，探索全球公共物品的供给之道。

这样的表达可能会令人困惑，在一个没有公共权威的、由数量众多的奉行国家理性的行为体组成的国际社会中，如果不是国家倾向于逃避责任，尽可能成为搭便车者，跨国公共物品的供给不足也不会成为一项严重的挑战。但是另一方面，国际关系的经验和现实表明，国家是跨国公共物品最重要的供给者。尽管当前的供给水平距离全球福利的目标相距甚远，但国家并不始终是逃

避责任者，对推动国家进行供给的动力来源和相应的行动模式有更清晰的认知，将有助于推动全球公共物品供给研究的深入发展。

从广义上讲，有人类的地方即有公共物品。对于维系人类生存所必不可少的空气、水、土地等资源，最开始即由大自然以公共物品的形式供给。当人类结成群体时，语言、宗教、信仰等观念上的公共物品成为维系特定群体的重要规范纽带。随着人类文明的进步，当特定资源与人口数量出现矛盾时，人类社会也会通过各种人造的公共物品对资源的使用进行管理，如制度、法律和公共设施等，对各种自然的或人造的公共物品进行供给和管理也成为一种公共权力起源理论。①

在一定群体内部，以强制力为保障的公共权力可以通过征收税款和产权分配等方式，将公共物品的外部性内部化，以实现有效管理。但在超越了特定群体边界，缺乏公共权威的空间，公共物品的供给往往会陷入困境，供给不足是常态。国际社会就处于这种典型的缺乏公共权威的状态中，供给不足同样是跨国公共物品供给的常态，这种状况由于奉行国家理性的搭便车者数量众多而更为突出。但在我们对跨国公共物品的供给持悲观态度以前，明确如下事实是至关重要的：

首先，跨国公共物品，特别是全球公共物品的供给，是至关重要的。全球化的一个显著后果是，各种全球问题借助人类社会日益紧密的多领域的相互依赖，开始成为困扰人类社会生存和发展的重要威胁。一方面，一些亟待解决的全球问题，其妥善治理本身就有赖于公共物品的供给和管理。比如贫困和粮食问题，如果没有发达

---

① ［美］卡尔·魏特夫著，徐式谷、奚瑞森、邹如山译：《东方专制主义》，中国社会科学出版社1989年版。

国家的对外援助和更公平的全球经济秩序等公共物品,世界范围内的贫富分化无疑会加剧,并且成为国际稳定的重大威胁。另一方面,困扰人类社会的诸多全球问题具有了溢出效应(spill over),无论其溢出效应是积极的(public goods)抑或消极的(public bads),单个或多个行为体都不能完全享受其收益或承担成本。这一类全球问题的典型代表如气候变迁,温室气体最主要的排放国家,其生产活动所造成的对气候变化的影响,恶果将由全世界所有国家来承担。现实往往是,受公害的负面外部性影响最大的国家拥有更高的脆弱性,岛国或者是第三世界的贫穷国家在气候变化面前更缺少相应的技术和资金支持。而通过排放温室气体获益的工业化国家,或是因其天然的地理位置避免了气候变迁所造成的恶劣的影响,或是以其先进的技术和资金能力,在气候变迁问题中拥有更丰富的应对策略。在以上两种情况下,全球问题的解决都依赖于公共物品的供给。对于前者而言,越多的公共物品供给意味着更有效地解决问题,对于后者而言,对各种全球问题的外部性的治理离不开诸如国际组织和国际机制等的功能性作用,而这些能够发挥功能作用的国际机制本身,即是当今世界所匮乏的中间公共物品。

其次,跨国公共物品的供给现状是供给不足。对公共物品供给不足的经典解释是曼瑟尔·奥尔森(Mancur Olson)的"集体行动的困境",[①]除经典集体行动理论指出的"搭便车"问题以外,超越国家层面的公共物品供给还受到主权原则、国内政治周期、国际发展不平衡以及信息匮乏和不确定性的制约。作为现代国际秩序的重要支柱,主权原则意味着对内最高的权威和对外的平等,该原则虽然维系了国际稳定,却对跨国公共物品的供给造

---

① 关于"集体行动困境"对公共物品供给的消极影响将在后文文献综述中详细论述。

成了制约，主权之上没有更高权威，增加了对国家承担责任情况的监督和制约的难度，并且削弱了国际机制的效力。此外，由于被其他国家的主权防护罩排斥在外，任何一个国家都在获得其他行为体相关外交行为的充分信息方面受到制约，这种状况有时会导致国家选择次优选项，即当不确定其他行为体是否会承担责任时，出于成本收益的考虑，国家会选择消极执行国际合作和承担责任，陷入典型的囚徒困境的博弈中。[①] 国内政治周期与跨国公共物品供给周期之间的鸿沟，增加了集体目标的贴现率，降低了决策者承担国际责任的意愿；而南北差距的拉大，则加剧了公共物品消费和供给之间的偏差，从而降低了决策者的供给意愿。信息的匮乏和不确定性的存在，增加了决策者承担国际责任的风险，削弱了国家间进行合作以实现集体行动的基础。

最后，尽管没有公共权威，但超越国家层面的公共物品供给始终存在。在国内层面，当行为体数量较小时，受公共物品外部性影响的行为体可以通过各种制度设计实现供给，在保证正面外部性得到合理持续分配的同时限制负面外部性的外溢。在全球层面，尽管奉行国家理性的行为体倾向于搭便车，但所有有能力的大国都尝试着提供公共物品，或是出于利益考量，或是出于意识形态热情，或是受到其他力量的压力，或是国内治理的无意识的外溢。这种来自国家的供给无论在经验还是现实中都可找到大量案例，如国际关系界熟知的不列颠治下的和平（Pax Britannica），或罗马治下的和平（Pax Romana），以及东亚历史上，由中华帝国创制并维系的天下体系等，而今天国际社会中的诸多公共物品，如各种国际机制、跨国进程等，其运转也依赖于国家的支

[①] 关于"囚徒困境的博弈"对公共物品供给的消极影响将在后文文献综述中详细论述。

持，尽管这种支持往往受到国家利益的驱使。此外，在传统的国际关系高级政治议题领域之外，在涉及到诸如健康、环保、发展和人的安全等全球公共问题上，集体行动也并不总是以失败为结果。相较于构建以某个霸权国为核心的国际秩序来说，全球公共问题的解决更强调国家让渡出部分主权以实现合作；相较于国际关系的互动而言，全球公共问题通常涉及到更多元的知识和技术信息，并且依赖更长期的预测，因此也面对着更大的不确定性；相较于国际公共物品来说，全球问题所需要的公共物品具有更强的外部性，不仅外溢范围更广，同时涉及到的行为体更为多元；特别是相较于传统的高级政治领域，全球问题关涉的低级政治领域议题，其有效治理带来的收益具有更强的公共性，这也就意味着对国家决策者来说，其所带来的相对获益更少。尽管面对诸多妨碍，全球公共物品的供给依然不是必然悲观的，如1989年生效的《蒙特利尔破坏臭氧层物质管制议定书》（*Montreal Protocol on Substances that Deplete the Ozone Layer*）及其后的一系列补充条约，使得国际社会在臭氧层消耗这一典型的全球问题上达成了合作，通过在各自国内限制氯氟烃的使用，为维护臭氧层这一全球公共物品支付了成本。相关研究显示，自2000年以来，南极上空的臭氧层空洞在逐年缩小。[1] 在公共卫生领域，世界卫生组织于1966年提出在全球范围内根除天花的号召，并开展相关行动（Smallpox Eradication Programme），国际组织的协调规划，得到了各国政府的积极支持和响应，国际社会用不到15年的时间达成了该项集体行动的目标，1980年第33届世界卫生大会上，天花这一困扰人类社会数千年的传染疾病宣布被彻底根除。在人的安

---

[1] Susan Solomon et al., Emergence of Healing in the Antarctic Ozone Layer, *Science*, 15 Jul. 2016, pp. 269—274.

全领域，在国际禁止地雷运动（The International Campaign to Ban Landmines，ICBL）的推动下，《渥太华禁雷公约》（Convention on the Prohibition of the Use, Stockpiling, Production and Transfer of Anti—Personnel Mines and on their Destruction）于1999年正式生效，迄今有160多个国家成为该公约缔约国，承诺全面禁止杀伤人员地雷的生产、使用和转让等。由于该集体行动需要主权国家在高度敏感的国防政策上的妥协和让步，美国、俄罗斯和中国等大国尚未成为该条约的缔约国。尽管大国不愿受到国际条约的约束，但都对该公约精神表示认可，并在地雷的制造和出口等问题上进行了自我约束，虽然保有余地，但也在一定程度上支付了公共物品的供给成本。

综上所述，跨国公共物品对人类社会发展进步是必不可少的，虽然是供给不足的，但不必然是悲观的。探索跨国公共物品供给之道并不仅仅是一个应然议题，也是一个实然问题。只要研究者找出推动主要行为体进行供给的动力原因，即可循此路径，探索推动改善供给之道的方法。

本书的目的旨在描述国家提供跨国公共物品的动力模式，解释塑造这些不同模式的原因，并在此基础上，为思考如何通过国家供给以实现全球治理提供初步的探索。

二、研究意义

1. 学术意义

虽然从未有人断言威斯特伐利亚体系已画上休止符，理性而自私的国际关系行为体依然像桌面上的台球一样，[1] 互相碰撞，

---

[1] 将国际关系行为体之间的互动关系比喻为桌面上的台球，最早可追溯到阿诺德·沃尔福斯的《纷争与协作》，此后这一比喻被诸多国际关系研究者所引用。

卡占有利位置以谋求自身利益的最大化，然而威斯特伐利亚体系的根基也在不断遭受冲击和腐蚀。① 2011年北约对利比亚的轰炸声响听起来和过去几个世纪的战争没有什么两样，霸权国或霸权集团总能更容易地（但不是成本更低地）发动针对弱国的战争，而且没人会单纯到相信战争的原因仅仅是政客口中的宣传口号而非战略考量。然而同时，今天的国际冲突又包含着诸多新质：国际社会恐怕再也不会出现一个国家或国家集团完全吞并或殖民另一个国家或国家集团的景象，这种景象在二战时还是国家发动战争的核心目标，即使是在并不遥远的冷战时代，东西方两大阵营间依然奉行你死我活的零和博弈思维。国家的死亡不再是战争的目的，如何筹划战败国新政权并维持某种稳定的国际秩序才是长远之计。造成这种现象的原因，包括伴随武器和知识的跨国界传播使得占领的代价过于高昂，以公民社会为主要力量的反战运动给各国政府施加的巨大压力，以及国际规范时国家行动的约束和限制。

除开战争，如果我们将目光转向国际贸易和金融领域内日益密切而且脆弱性日益突出的相互依赖，在生态安全和气候变化等非传统安全领域内人类面临的共同命运，以及各个层次各个领域让人惊叹的人员流动，传统的国际关系学者——通常是现实主义学者——所构建的台球桌模式已经不能全面地描述国际关系的实质。② 诚然，没有任何一种描述可以涵盖国际关系的全貌，问题

---

① ［加拿大］马克·赞奇：《威斯特伐利亚神殿的支柱正在腐化》，［美］詹姆斯·罗西瑙主编，张胜军、刘小林等译：《没有政府的治理》，江西人民出版社2001年版。

② 可以反映国际议题多元化的一个有趣现象是，关于安理会在利比亚设立禁飞区和多国开展援助日本震后救灾工作的消息相邻，同时出现在《人民日报》的要闻版面。参见《人民日报》2011年3月19日，第2版"要闻"。

的关键在于传统描绘的解释力的丧失。"台球桌面"关注的是行为体个体之间的互动,利益只是行为体的利益,互动关系只是行为体(主要是民族国家)之间的互动,结构也无非是国家间实力的分配,其解释力的丧失在于忽略了一种更高层次的视角。考虑到民族国家之间的疆界日益模糊,全球问题日益将全人类结成命运共同体,国际关系的研究就需要更高同时也是更细致的视角,正如赵汀阳所言的"以天下观天下"[①]的视角。当前国际关系理论界已经出现了一些成熟的理论,以对传统的"台球桌面"进行修正,具有代表性的包括米特兰尼的功能主义、以基欧汉为代表的制度主义以及以赫尔德为代表的全球主义研究。这些更有前瞻性的理论将国际关系研究的目光投射到了传统国际关系忽视的次国家和跨国家角色,尝试用新的方法和新的角度观察国际关系,推动促进国际合作的路径研究。正是在这一背景下,"跨国公共物品"概念被引入到全球治理研究的进程中来。

英吉·考尔(Inge Kaul)在其代表作中提到,今日国际社会所面临的种种问题显示出全球性公共物品供给的严重不足。从全球公共物品的角度观察国际关系和全球治理,所要解决的问题就是如何更有效地管治一个以全球化为最显著特征的新时代。无论是传统政治所强调的和平与安全问题,还是如气候变化和传染病扩散等新兴议题,其影响都借助国家间不断加深的相互依赖具有了跨国公共性,意味着各种议题无论是得到了有效治理还是治理不善,其收益或风险都将由所有国家,甚至是个人承担。可以说,确保全球化时代趋利避害发展的有效途径就是实现全球公共物品的有效供给,包括对特定问题的多边谈判和多边组织,以及

---

① 赵汀阳:《天下体系:世界制度哲学导论》,江苏教育出版社2005年版。

各种资金和技术支持。如果说全球治理是国际社会应对国际关系现实转变的必由之路，全球公共物品的供给就是衡量全球治理水平的标杆。

2. 现实意义

任何对跨国公共物品供给的讨论都不能脱离对民族国家的关注，民族国家依然是当代国际关系最重要的行为体，同时也是跨国公共物品的最大供给者，"倘若没有各国政府在'事关重大'的特定问题领域的政策成果，全球物品……不太可能形成；相反，会导致全球公害产生，从而危害许多国家的政策目标"。① 无论是霸权稳定论还是公共选择理论，无不强调在公共物品的供给过程中，有能力且有意愿的主要行为体的作用，这种作用有时是决定性的，主要行为体愿意且确实承担了责任，集体利益才有可能实现，反之，则会陷入供给不足的困境。

无论是历史还是现实，民族国家曾经承担了并正在承担跨国公共物品供给的主要责任，尽管这种倾向于国际合作和承担责任的表现尚未能满足公共物品供给的需要，但为探索推动国家提供全球公共物品，以实现全球治理的道路提供了重要的经验和研究对象。从国家角度出发，对已经发生的和正在发生的国际关系现实进行归纳和分析，是既有研究中少有人走的路，但却是全球治理研究所不能绕过的路。

此外，中国作为一个迅速崛起的大国，正日益深入地卷入到全球化的大潮之中，作为选择融入国际体系的必然结果，不可避免地参与到跨国公共物品的供给之中，"中国的发展得益于国际

---

① Inge Kaul, Isabelle Grunberg and Marc A. Stern, *Global Public Goods: International Cooperation in The 21st Century*, Oxford University Press, 1999, p. xxv.

「国家提供跨国公共物品的动力分析」

社会，也愿为国际社会提供更多公共产品"，① 尽管本书并没有特别将关注焦点集中于中国的外交选择，但对于国家供给跨国公共物品的动力研究，势必对正经历着改革和转型的中国外交有重要的借鉴意义。在对国际关系的历史和现实有了更深入和细致的认识之后，对中国相应外交选择的思考必然会被带动。

第二节 ┃ 文献综述与概念界定 ┃

一、文献综述

1. 关于公共物品的一般理论

公共物品②的概念诞生于经济学领域，对其最早的阐述可追溯至1776年亚当·斯密的《国富论》。1954年，美国经济学家保罗·萨缪尔森（Paul Samuelson）在发表的名为《公共支出的纯理论》（The Pure Theory of Public Expenditure）的论文中，对该概念进行了专业性的描述，界定出公共物品的两个特征：（1）非排他性，即一旦公共物品被生产出来，它对所有人会同时产生益处或造成伤害。（2）非竞争性，即一个人对公共物品的消费不会减少对其他人的供给，其他人对物品的消费也不会增加任何成本。③凡是满足以上两个条件的消费品即可称之为公共物品，从而与私人物品相区分，比如民族国家的武装力量，所有

---

① 习近平：《中国发展新起点，全球增长新蓝图：在二十国集团工商峰会开幕式上的主旨演讲》，2016年9月3日，新华网，http://news.xinhuanet.com/world/2016—09/03/c_129268346.htm。

② 公共物品在英文中有两种表达方式：public goods 和 collective goods，中文译法包括"公共物品""公共产品""集体物品"等，鉴于本书属于国际关系领域研究，采用更有一般意义的"公共物品"，下文通用。

③ Paul Samuelson, "The Pure Theory of Public Expenditure", *Review of Economics and Statistics* 36 (November) 1954, pp. 387–389.

国民均可获得国防力量提供的安全保护，同时，个人所获得安全保障不会因为其他人的享有而受到损害。

外部性是与公共物品紧密相连的概念。外部性概念的提出最早可追溯至阿尔弗雷德·马歇尔（Alfred Marshall）1890年的作品，他指出"产业的扩大有赖于产业的普遍发展"，[①] 随后，外部性概念不断向其他领域延伸，变得更加宽泛。简单来讲，外部性指个体、企业、国家采取了一种行动，但并不完全承担相应的成本（消极的外部性），或者并不享有相应的全部收益（积极的外部性）。[②] 公共物品的非排他性特征使得对其的供给和消费带有外部性性质，由于个体成本和收益与集体成本收益并不一致，理性的行为体往往拒绝进行供给，并直接导致公共物品面临供给不足的困境。

对公共物品供给不足困境的解释，有三个最为重要的模型：集体行动的困境、囚徒博弈和公地悲剧。

曼瑟尔·奥尔森在其代表作《集体行动的逻辑》中指出，由于对公共物品的消费具有非竞争性和非排他性的特点，行为体倾向于做搭便车者而非供给者，"除非一个集团中人数很少，或者除非存在强制或其他某些特殊手段以使个人按照他们的共同利益行事，有理性的、寻求自我利益的个人不会采取行动以实现他们共同的或集团的利益"，[③] 从而揭示了集体行动的困境。集体行动的困境在行为体众多的大集团中会更加突出，因为在一个小集团中，某个或数个成员提供了公共物品，其收益要超过行为体不这么做的情况，此时小集团也有望实现公共物品的供给。对于大

[①] Marshall, Alfred. *Principles of economics*. Digireads. Publishing, 2004.

[②] 参见［美］英吉·考尔主编，张春波、高静译：《全球化之道》，人民出版社2006年版。

[③] ［美］曼瑟尔·奥尔森著，陈郁、郭宇峰、李崇新译：《集体行动的逻辑》，上海人民出版社1995年版，第2页。

「国家提供跨国公共物品的动力分析」

集团来说，每个成员都渴望成为搭便车者，造成选择支付公共物品的个体承担的成本远超过收益，因此"集团越大，它提供的集体物品的数量就会越低于最佳数量"。①

在大集团中，个体理性导致的集体非理性可以通过一个简化的囚徒困境博弈模型②得到解释：设想两个犯罪嫌疑人被分别加以审讯，两人可以基于互相信任，或提前订立攻守同盟选择保持沉默（CC），此时两人将受到较少的指控而被判以轻微的惩罚；如果其中一名嫌疑犯选择背叛，揭发同伙的罪行（DC），而另一名嫌疑人仍保持沉默（CD），那么揭发者则将会得到宽大处理，获得释放，保持沉默者将会得到重罪。基于对对方背叛的担心（CD），以及获取最大收益的渴望（DC），两人都倾向于选择背叛，从而导致互相揭发，两人都将被处以中等的惩罚（DD）。两个嫌疑人的个体偏好都是 DC > CC > DD > CD，但对最大获益的追求（DC）最终导致了次优的结果（DD），对相对获益的追求，使两人错过了合作带来的获益（CC）。

在信息匮乏和信任缺失的囚徒困境博弈中，行为体倾向于选择背叛策略（DC），在大集团中，监督和激励机制的缺位鼓励了行为体的搭便车行为，囚徒困境和集体行动的困境支撑了对合作

---

① ［美］曼瑟尔·奥尔森著，陈郁、郭宇峰、李崇新译：《集体行动的逻辑》，上海人民出版社1995年版，第29页。
② 该模型由 Merrill Flood 和 Melvin Dresher 提出，Albert Tucker 正式建立，参见 Campbell, R. "Background for the Uninitiated", In R. Campbell and L. Sowdeneds., *Paradoxes of Rationality and Cooperation*, University of British Columbia Press 1985. pp. 3 – 41。此处关于囚徒困境模型的描述，主要借鉴肯尼斯·奥耶在"解释无政府状态下的合作"一文中的表述，该文也是少有的没有使用矩阵图形来描述博弈游戏的文献，其中 CC 指相互合作（mutual cooperation），DD 指相互背叛（mutual defection），DC 指单边背叛（unilateral defection），CD 指无回报的合作（unrequited cooperation），Kenneth A. Oye, "Explaining Cooperation under Anarchy: Hypotheses and Strategies", *World Politics*, Vol. 38, No. 1, Oct., 1985, p. 4。

应对公共资源开发的悲观预期。加勒特·哈丁（Garrett Hardin）在1968年发表的题为"公地悲剧"的论文中对公地进行了开创性的描述。他设计了一个对所有人开放的牧场，在该牧场中，所有理性的放牧者都会尽可能多地增加自己放养的牲畜，并从中获取收益。所有牧者的行为导致牧场的过度开发，最终伤害了所有人的收益。但理性经济人所能做的，就是尽可能多地增加个体收益，然后与所有人共担牧场荒废的后果。① 公地的悲剧展示了对由理性且自私的个体开发公地资源的悲观预期，放牧者通常不会自发合作以对公共资源进行可持续开发。

以上三个以理性人为前提的模型，都对公共物品的供给抱有悲观态度，传统理论认为，避免供给不足的钥匙在于具有强制力的公共权威的出现，或者对公共物品进行私有化分配。威廉·奥尔普斯（William Ophuls）提出"即使我们避免了公地悲剧，它也只有在悲剧性地把利维坦作为唯一手段时才能做到"。② 罗伯特·史密斯（Robert Smith）则强调"……避免公地悲剧的唯一方法，是通过创立一种私有财产权制度来终止公共财产权制度"。③ 以强制力为保障的公共权威，可以通过建立奖罚措施规范行为体的行动，遏止搭便车行为；可以通过提供信息，强化行为体之间的信任，使参与者对其他行为体的行为做出更积极的预期；通过税收解决对公地进行管理和监督的成本问题。而产权私有化实际上排除了公地的"非排他"属性，将公地资源变为私人

---

① Garrette Hardin, "The Tragedy of the Commons". *Science*, 1968. 162, pp. 1243 – 1248.
② William Ophuls. "Leviathan or Oblivion". In H. E. Daily, ed., *Toward a Steady State Economy*, Freeman, 1977, pp. 215 – 230.
③ Robert Smith, "Resolving the Tragedy of the Commons by Creating Private Property Rights in Wildlife". *CATO Journal*, 1981, pp. 439 – 468.

物品，以促进资源的合理开发。

但在这些悲观预期的声音以外，也存在着对公共物品供给的乐观预期。一方面，以埃莉诺·奥斯特罗姆（Elinor Ostrom）为代表的新制度经济学家提出"自组织理论"，指出在现实生活中，参与者可以依靠制度的功能作用，保证合作以应对公地资源开发问题。特定制度能否起到促进合作的作用，取决于以下八项设计原则在该项制度中的实施情况：清晰界定边界；占用和供应规则与当地条件一致；集体选择的安排；监督；分级制裁；冲突解决机制；对组织权的最低限度认可；多层次的管理实体。① 另一方面，一些学者通过对传统理论理性人假设的质疑，认为不应夸大搭便车在公共物品供给中的影响，如拉塞尔·哈丁（Russell Hardin）强调，"家庭和教育灌输的价值观念以及社会强有力的道德和伦理法则会导致人们限制他们的行为，以致他们不会做出像搭便车那样的行为"。②

2. 从公共物品到全球公共物品

随着物质和观念的变迁，人类群体的政治组织方式在不同时代有不同变化，从部落到城邦，从帝国到民族国家，但无论全球秩序如何变化，伴随人类各种活动始终的公共物品一直纵横交错在人为建构的边界之上，诸多公共物品的外部性并不会受到特定的群体边界限制。拉维·坎布尔（Ravi Kanbur）等人就根据公共物品外溢的范围，将其区分为区域公共物品和全球公共物品，③两者之间的差别主要指向外部性在地理范围上的差异。

---

① ［美］埃莉诺·奥斯特罗姆著，余逊达译：《公共事务的治理之道》，上海译文出版社2012年版，第108页。

② Russell Hardin, *Collective Action*, Baltimore: Johns Hopkins University Press, 1982.

③ Ravi Kanbur, Todd Sandler, and Kevin Morrison, *The Future of Development Assistance: Common Pools and International Public Goods*. ODC Policy Essay No. 25, 1999, p. 66.

奥尔森最早将公共物品研究引入国际关系领域，在名为《联盟的经济理论》的论文中，作者从公共物品供给的视角分析了美国在二战后不计成本筹划国际新秩序的原因，[1]并于1971年在论文《增进国际合作的激励》中正式提出了"国际公共物品"的概念。[2]顺着奥尔森的思路，查尔斯·金德尔伯格（Charles Kindelberger）和罗伯特·吉尔平（Robert Gilpin）等人发展出"霸权稳定论"的观点，前者在其著作《1929—1939年世界经济萧条》中提出，国际经济体系的稳定运转需要某个国家来承担"公共物品"，[3]后者则围绕国际公共物品的供给提出霸权稳定论的两个中心命题：一是世界政治中的秩序是由一个主导国家创立的，二是国际秩序的维持需要霸权国家的持续存在。[4]传统的国际关系学者对国际公共物品的关注主要围绕将其视为实现国家利益的政策工具展开，如罗伯特·基欧汉（Robert Keohane）认为，霸权国提供国际公共物品的动力在于其可以在制度上保证该国利益的长久实现，并使其他国家相信参加该国际公共物品的提供对其本国利益大有好处——至少参加其中比不参加更有利。[5]

伴随全球化的深入发展，全球问题开始成为人类共同体面临的重大挑战，并推动了全球治理的兴起，作为一种集体行动，全

---

[1] Mancur Olson and Richard Zeckhauser, "An Economic Theory of Alliances". *RAND Corporation*, 1966, pp. 13–15.

[2] Mancur Olson "Increasing the Incentives for International Corporation", *International Ognization*, Vol. 25, No. 4. 1971, pp. 866–874.

[3] ［美］查尔斯·金德尔伯格著，宋承先、洪文达译：《1929—1939年世界经济萧条》，上海译文出版社1986年版，第348页。

[4] ［美］罗伯特·吉尔平著，宋新宁、杜建平译：《世界政治中的战争与变革》，中国人民大学出版社1994年版。

[5] ［美］罗伯特·基欧汉著，苏长和、信强、何曜译：《霸权之后：世界经济政治中的合作与纷争》，上海人民出版社2006年版。

球治理的实践和成效依赖于全球公共物品的供给状况。由此，国际公共物品的相关研究开始越来越具有全球向度，20 世纪 90 年代以来，全球公共物品开始成为相关研究的热点。一批具有经济学和国际事务研究背景的学者，开始从公共物品理论的视角出发，对全球议题进行考察和分析。如曾在世界银行担任非洲地区首席经济学家、世行首席经济学家首席顾问的康奈尔大学教授拉维·坎布尔，尝试用公共物品的视角和理论对发展援助进行考察分析。[1] 德克萨斯大学达拉斯分校经济和政治经济学教授托德·桑德勒（Todd Sandler）从 20 世纪 90 年代开始陆续出版的学术著作，如《全球挑战：环境、政治和经济问题的解决路径》(*Global Challenges: An Approach to Environmental, Political, and Economic Problems*)[2] 和《全球集体行动》（*Global Collective Action*)[3] 等，运用集体行动理论和跨国公共物品概念对诸多全球公共政策进行分析。在《全球集体行动》一书中，桑德勒继承了集体行动理论经典作家的理论假设，包括奥尔森的集体行动困境和哈丁公地悲剧的思想，以国际关系现实为舞台，运用博弈论的方法，将公共物品理论同诸多全球问题相结合，对诸如反恐、公共卫生、气候变化和发展援助等领域的公共政策进行分析和预测，在发展集体行动理论的同时，为全球公共物品和全球公共政策研究奠定了理论基础。

在由国际公共物品向全球公共物品研究转变的过程中，以联合国为代表的国际组织做出了巨大的努力，前联合国秘书长科

---

[1] Ravi Kanbur, Todd Sandler, and Kevin Morrison, *The Future of Development Assistance: Common Pools and International Public Goods.* 1999.

[2] Todd Sandler, *Global Challenges: An Approach to Environmental, Political, and Economic Problems*, Cambridge University Press, 1997.

[3] Todd Sandler, *Global Collective Action*, Cambridge University Press, 2004.

菲·安南（Kofi Annan）在《通向实现联合国千年宣言目标的路线图》中总结了在全球公共领域需要集中供给的十类公共产品：基本人权、对国家主权的尊重、全球公共卫生、全球安全与和平、跨越国界的通信与运输体系、协调跨国界的制度、基础设施、知识的集中管理、全球公地的集中管理和多边谈判的国际论坛。① 世界银行在2000—2001年度发展报告《向贫困开战》中也提到，对于许多面临贫困挑战的国家来说，增加国际公共物品生产是关键。②

对全球公共物品展开全面深入研究，并在学术界和决策界都取得重要影响的当推联合国开发计划署（UNDP）支持的、由该署发展研究中心主任英吉·考尔（Inge Kaul）主编的一系列相关报告：1999年出版《全球公共物品：21世纪的国际合作》(*Global Public Goods: International Cooperation in the 21st Century*)、2003年出版《全球化之道——全球公共产品的提供与管理》(*Providing Global Public Goods: Managing Globalization*)、2006年出版《新公共金融——应对全球性挑战》(*The New Public Finance: Responding to Global Challenges*)。

联合国开发计划署1999年的报告对全球公共物品给出了一个详细的界定：其受益范围，从国家看，不仅仅包含一个国家团体；从成员组成看，扩展到几个，甚至全部人群；从世代看，既包括当代，又包括未来数代，或者至少在不妨碍未来数代发展选择的情况下满足目前几代。换句话说，全球公共物品

---

① Road Map towards the Implementation of the United Nations Millennium Declaration, Report of the Secretary —Genera, l A/56/326, GeneralAssembly, United Nations, September 6, 2001.

② World Bank. *World Development Report* 2000—2001: *Attacking Poverty*. World Bank Group, 2000, p.181.

应当是外部性，涉及到不同国家、群体和世代，且不应有歧视性对待的物品。① 在对全球公共物品的定义中，该书还强调了对公共劣品（Public Bads）的管理也应属于一种公共物品，② 并且按照议题领域，从公平正义、市场效率、环境文化、健康和知识、和平与安全等不同的全球公共物品进行论述。2003年的报告则在1999年报告的基础上，更加强调了全球公共物品在全球时代的重要作用，指出"是否以及如何实现全球公共物品的供应决定了全球化对人类而言究竟是一次机遇还是一种威胁"，③《全球化之道》不再局限于单纯的议题领域研究，转而更侧重从理论性分析推动全球公共物品供给的方法，包括多元行为体的作用、促进供给的制度设计等。在2006年的报告中，作者着力于公共物品供给中的融资领域，提出通过国界之内和跨越国界的国际合作促进全球公共物品的融资，即新公共金融理论。④

除联合国开发计划署支持的一系列报告外，2003年由法国和瑞典两国政府资助成立了一个名为"全球公共物品国际专项组"（International Task Force on Global Public Goods）的学术组织，该组织的主要目标是"研究全球公共物品的定义，探讨重要的全球公共物品的种类，并且为全球公共物品的供给和融资提供政策建议，其更长远的目标，是推动学术界已有的研究成果转化

---

① Inge Kaul, Isabelle Grunberg and Marc Stern, *Global Public Goods: International Cooperation in The 21st Century*, Oxford University Press, 1999. pp. 10 – 12, p. 95.
② Ibid., 1999. p. 9.
③ 参见[美]英吉·考尔主编，张春波、高静译：《全球化之道》，人民出版社2006年版，第2页。
④ Inge Kaul, Pedro Coneeieao: *The new public finance: responding to global challenges*, Oxford University Press, 2006.

为实践，并为决策者提供建议"。① 该小组现已得到包括德国、英国、挪威、瑞典等国的资助，其成员包括来自全球各地的政治经济学家，并定期在世界各地召开学术会议。该专项组目前已经出版了7卷关于不同领域的全球公共物品的相关报告，涉及"和平与安全""疾病控制""全球公域""金融稳定""开放贸易""知识"和"跨领域议题"。② 其于2006年出版的报告《应对全球挑战：国家利益中的国际合作》（Meeting Global Challenges: International Cooperation in the Nation）提出通过重建领导性的国家力量、有效的国际制度和恰当的融资手段推动全球公共物品的供给。③ 此外，该小组还资助学者的相应研究，其中斯科特·巴雷特于2007年所著《合作的动力：为何提供全球公共产品》（Why Cooperation: The Incentive to Supply Global Public Goods），④ 结合具体案例对按汇总方法分类的公共物品的特性对国家供给的影响做了细致的分析，该书已于2012年被引介入国内。

3. 跨国公共物品的分类

首先，按照对公共物品消费的影响进行分类：

基于对公共物品消费公共性的特征，萨缪尔森（Paul Samuelson）将公共物品的特征概括为非排他性和非竞争性，即一旦公

---

① Katell Le Goulven, "The International Task Force on global public goods", Swiss Federal Department of Foreign Affairs, 2005, 参见网址: http://www.isn.ethz.ch/Digital—Library/Publications/Detail/? ots591 = 0c54e3b3—1e9c—be1e—2c24—a6a8c7060233&lng = en&id = 111306。

② Ernesto Zedillo, Tidjane Thiam, *Meeting Global Challenges: International Cooperation in the National Interest*, Report of the International Task Force on Global Public Goods, Stockholm, 2006.

③ Ibid.

④ Scott Barrett, *Why cooperate?: the Incentive to Supply Global Public Goods.* Oxford University Press, 2007.

「国家提供跨国公共物品的动力分析」

共物品被生产出来，它对所有人会同时产生益处或造成伤害；一个人对公共物品的消费不会减少对其他人的供给，其他人的消费也不会增加任何成本。[①] 同时满足以上两个特性的称之为纯粹的公共物品，但是在现实中，纯粹公共物品并不多见，有时满足了消费的非竞争性却不具备非排他性，这一类公共物品被称之为俱乐部产品（club goods）；有时满足了消费的非排他性却不具备非竞争性，这一类公共物品被称之为公共资源或公共池塘资源（common pool resources）。俱乐部产品常被用来描述对各种限定成员身份的国际机制的研究，公共资源则主要被用来分析日益兴起的全球公域问题。纯粹公共物品、俱乐部产品和公共资源的三分法，是最为常见的公共物品分类法。在上述三分法基础上，托德·桑德勒增加了一类同时兼具多种公共性特征的物品，即联产品，或称混合产品（joint products）。联产品指那些可以同时产生两种或两种以上结果的公共物品，这些不同的结果可以是纯粹公共性的，也可以是不纯粹公共性的，甚至可以是完全私人属性的。[②] 如世界银行的投票权，其权重取决于国家认购的世界银行股份的比重，世界银行的股份一方面是世界银行实现集体目标的资金来源，另一方面也是特定国家在国际机制中决策权的重要依据。换句话说，国家认购世行股份，既可以视作是为集体目标支付国际公共物品成本，同时也是实现个体目标的外交选择（详见第三章）。

在坎布尔（Ravi Kanbur）对国际公共物品的分析中，除根据

[①] Paul Samuelson, "The Pure Theory of Public Expenditure", *Review of Economics and Statistics*, 36 (November), 1954, pp. 387–389.

[②] Todd Sandler, "Impurity of Defense: An Application to the Economies of Alliances", *Kyklos*, Vol. 30, No. 3, 1977, pp. 443–460.

公共属性对消费的影响外,还根据公共物品外溢范围的向度将其区分为国内的、区域的和全球的公共物品。① 国内社会与国际社会之间的区分较大,其主要依靠公共权威保障供给,而区域的和全球的公共物品主要指向外部性在地理范围上的差异。随着全球治理的兴起,英吉·考尔（Inge Kaul）对全球公共物品的概念做了拓宽,除了地域范围外,还强调其外溢性应考虑到不同组织和世代。②

依据公共物品收益性质的不同,英吉·考尔和罗纳德·门多萨（Ronald U Mendoza）提出按公共性特征将公共物品分为三个类型:③ 全球性的天然共有物（如空气或公海）、全球性的人造共有物（如全球网络、国际制度、规则与知识）和全球性政策结果或条件（如世界和平、金融稳定和环境的可持续性）。这种分类方法将不同领域的公共物品按不同的收益性质进行划分,并进而分析不同收益性质导致的不同公共性特征对公共物品消费的影响,以此考察跨越国界的外部性对合作和治理的意义。

其次,按照公共物品的功能性作用分类:

国际社会的无政府状态限制了用一种统一的公共权威对跨国公共物品进行评估、融资和分配的可能,因此,费罗尼（Marco Ferroni）强调以问题导向的研究方法,"因为世界政府的理论既不可行又不合理,因此以问题为导向的跨境网络正成为对跨国治

---

① Ravi Kanbur, Todd Sandler and Kevin Morrison, *The Future of Development Assistance: Common Pools and International Goods*, Washington: ODC Policy Essay No. 25, 1999, p. 63.

② Inge Kaul, Isabelle Grunberg and Marc A. Stern, *Global Public Goods: International Cooperation in The 21st Century*, Oxford: Oxford University Press, 1999, pp. 10 – 12, p. 95.

③ [美]英吉·考尔、罗纳德·U. 门多萨:《促进公共产品概念的发展》,英吉·考尔主编,张春波、高静译:《全球化之道》,人民出版社2006年版,第89页。

理模式要求的最新回应"。① 这种观点集中于对公共物品涉及的不同议题领域进行细致的分类研究，并强调不同领域公共物品的功能性作用，反映了功能主义的观点。这种分类方法典型体现在"全球公共物品专项组"的报告中，② 该专项组将全球公共物品划分为数个领域，分别进行分析，前联合国秘书长安南在《通向实现联合国千年宣言目标的路线图》中总结的在全球公共领域需要集中供给的十种公共物品，也是这一分类法的典型代表。③

另一种分类法并不拘泥于公共物品的具体领域或形态，但更关注于其功能性作用。莫里西（Oliver Morrissey）等人提出根据公共物品的获益种类将其区分为直接效用（Direct Utility）、降低风险（Risk Reduction）和能力增强（Capacity Enhancement）三类，④ 该种分类方法源于世界银行在 2001 年一项报告中的分类法，即根据公共物品对生产和消费两个环节不同的作用将其区分

---

① Marco Ferroni, "Reforming Foreign Aid: The Role of International Public Goods", World Bank Operations Evaluation Department, http://www—wds.worldbank.org/external/default/WDSContentServer/WDSP/IB/2000/10/13/000094946_0009140540170/Rendered/PDF/multi_page.pdf. 登陆时间：2014 年 12 月 25 日。

② 根据不同的功能，该专项组将全球公共物品区分为和平与安全、疾病控制、全球公域、金融稳定、开放贸易、知识和跨领域议题七项，参见 International Task Force on Global Public Goods, *Meeting Global Challenges: International Cooperation in the International Interest*, Stockholm: 2006。

③ 该路线图总结的十种典型全球公共物品，包括基本人权、对国家主权的尊重、全球公共卫生、全球安全与和平、跨越国界的通信与运输体系、协调跨国界的制度、基础设施、知识的集中管理、全球公域的集中管理和多边谈判的国际论坛。参见 *Road Map towards the Implementation of the United Nations Millennium Declaration*, Report of the Secretary —Genera, l A/56 /326, GeneralAssembly, United Nations, September 6, 2001。

④ Oliver Morrissey, Dirk Willem te Velde, and Adrian Hewiit, "Defining International Public Goods", in Marco Forroni and Ashoka Mody, eds., *International Public Goods: Incentives, Measurement, and Financing*, Boston, 2002, p. 37.

为核心行动（Core activities）和补充行动（Complementary activities），前者指为了生产、创造外部性而由国家提供的公共物品，后者则指那些将核心行动转化为可消费的工具性的公共物品，如知识的使用是一种典型的核心公共物品，但必须依靠教育这一补充行动才可以使知识的使用成为可能，当然核心行动和补充行动本身也是为了实现特定目标的公共物品。① 此外，英吉·考尔与罗纳德·门多萨根据生产环节进行的分类方式与该种分类方式极为相似，根据生产环节的不同，英吉·考尔和罗纳德·门多萨将公共物品区分为中间阶段（Intermediate Public Goods）和最终阶段（Final Public Goods）两种，② 尽管该种分类方式更强调生产环节的不同，但其功能性作用与上一种分类方法殊途同归。

最后，按照个体与总体之间关系的分类法：

个体与总体关系的分类法主要包括两类，第一类称之为汇总方法（Aggregation Technology），桑德勒（Todd Sandler）在1998年对该种分类法进行了详细的描述，③ 斯科特·巴雷特（Scott Barrett）在为"公共物品专项组"撰写的报告中也依据该种分类方法对全球公共物品的供给情况进行了分析。④ 汇总方法根据个体贡献和总体供给水平的情况，将公共物品区分为总和（Summation）、最佳表现（Best-Shot）、最弱环节（Weakest-Link）和

---

① World Bank, *Global Development Finance 2001: Building Coalitions for Effective Development Finance*, Washington, 2001, p.133.
② [美]英吉·考尔、罗纳德·U. 门多萨：《促进公共产品概念的发展》，英吉·考尔主编，张春波、高静译：《全球化之道》，人民出版社2006年版，第93页。
③ Todd Sandler, "Global and Regional Public Goods: A Prognosis for Collective Action." *Fiscal Studies*, 19 (3), 1998, pp. 221–247.
④ [美]斯科特·巴雷特著，黄智虎译：《合作的动力：为何提供全球公共物品》，上海人民出版社2012年版。

「国家提供跨国公共物品的动力分析」

加权方法（Weighed Sum）四种。① 总和型公共物品指每个个体贡献者所提供的公共物品在总体层面上相同，并可以相互替代，比如温室气体排放，所有排放者对大气影响可以相互取代；最佳表现指公共物品的供给水平取决于做出最大贡献的行为体的政策选择，例如全球层面的反恐行动，成效取决于最强大最具有行动能力的国家的外交决策；最弱环节与最佳表现相对，指公共物品的供给状况取决于最薄弱一环的表现，例如对传染疾病的根治，只要最落后地区的公共医疗水平不足以应付传染疾病的威胁，全球任何地区的人类都不能免于被感染的危险。加权方法除对个体贡献赋予不同权重外，与总和型公共物品相同。

英吉·考尔提出另一种着重考察个体和总体之间关系的分类法，即"公共性的三角结构"。

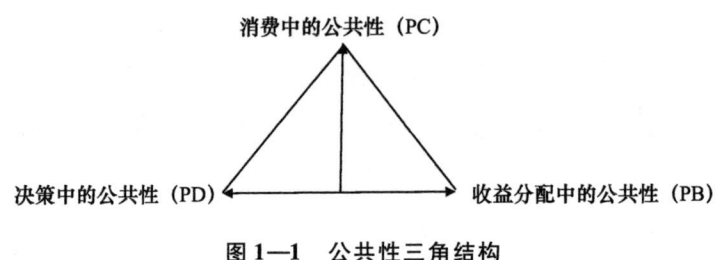

图1—1　公共性三角结构

在该三角结构中，三个点都涉及到个体与总体之间的关系，

---

① 桑德勒在最佳表现和最弱环节基础上还探讨了两种相关的公共物品类型，即较佳表现（Better-Shot）和较弱环节（Weaker-Link），参见 Todd Sandler, "Global and Regional Public Goods: A Prognosis for Collective Action." *Fiscal Studies*, 19 (3), 1998, pp. 221–247。此外，坎布尔等人将加权方法（Weighed Sum）与总和法（Summation）区分开来，将汇总方法的公共物品种类区分为四项，参见 Ravi Kanbur, Todd Sandler and Kevin Morrison, *The Future of Development Assistance: Common Pools and International Goods*, Washington: ODC Policy Essay No. 25, 1999, p. 66。

消费的公共性指公共物品本身的消费在个人与全体之间的非排他性，即是否能够为公共领域中的每个个体所共享，决策的公共性是指对公共物品进行管理的决策过程的公共性，收益分配的公共性则指不同行为体从公共物品中获益的程度。该三角结构随着三个维度公共性程度的不同而变化，其中包括理想化的公共性三角结构、决策不完全具有公共性，但是消费与收益分配具有公共性的三角结构（如7国集团主要通货的稳定性）、收益的分配不完全具备公共性，但是消费与正式的决策具备公共性的三角结构（如世贸组织等多边贸易体制）、收益分配与决策不完全具有公共性，但消费具备公共性的三角结构（如国际金融架构）、以及消费的公共性处于变化中的三角结构（如外部效应不断增长的区域公共物品）。[①] 而作为行为体，往往通过三角结构的不同变化反映出来的个体在整体收益中的地位进行决策。当该三角结构为一等边三角形时，意味着决策、收益和消费的公共性都较高，个体更愿意为公共物品进行支付并感到满意，而任何一项公共性的缺失都意味着公共物品公平性的缺失，个体的积极性就会受到冲击。[②]

上述对公共物品的分类，从消费角度对公共物品进行分类的方法最具有研究领域的普适性，但这种普适性也削弱了应对国际政治领域公共物品供给问题所需面临的特殊问题的效力，因为它很难用来观察国家在面对搭便车的诱惑时做出的不同选择，比如在同属性的公共物品供给中，为何不同国家会采取不同的政策立

---

① 三角结构的不同变化，详见［美］英吉·考尔，罗纳德·U.门多萨：《促进公共产品概念的发展》，英吉·考尔主编，张春波、高静译：《全球化之道》，人民出版社2006年版，第92页。
② 同上书，第83页。

场，而同一国家为何会在不同时期对相同种类的公共物品采取不同供给态度。根据公共物品的功能性作用的分类法适用于应然研究，即如何加强全球治理以应对全球挑战，但无法逾越现实决策与理想状态之间的鸿沟。

个体与总体之间关系的分类方法，特别有助于分析国际政治中的供给行为，它关照供给者个体在面对整体环境时应当做出何种决策。然而将个体与总体之间关系的分类方法简单套入跨国公共物品供给领域，容易得出与现实不符的想当然的结论。比如按总和方法供给的公共物品具有同质性和可替代性，无政府状态下的国家自然倾向搭便车的策略，逃避责任并期望由其他国家完成供给责任，因此难以期望该类公共物品得到充分供给，而"最弱环节"供给的公共物品，则有赖于最缺乏治理能力的国家完成供给任务，可处于"最弱环节"的供给者往往是最缺乏供给能力的国家，此类物品也难以得到充分供给。[1]值得深思的是，在现实中，以上悲观结论通常会受到挑战，如尽管全球气候治理面临多重挑战，但臭氧层保护却取得了明显的成效，尽管落后国家缺少相应的公共卫生能力，但发达国家并不总是袖手旁观，并通过财政和技术转移帮助最不发达国家提供此类公共物品。同样，即使是"最佳表现"的公共物品，也不必然意味着乐观的现实。现有的个体与总体之间关系的分类方法，主要集中在理性主义的框架内，运用该种分类法的前提是保证行为体能够获得充分的信息并在此基础上做出理性决策，而国家在进行供给选择时并不能保证获得充分信息。此外，除了个体与整体的结构关系外，国家外交决策还受到诸如国内决策、治理体系和治理能力、外交互动和国

---

[1] International Task Force on Global Public Goods, *Meeting Global Challenges: International Cooperation in the International Interest*, Stockholm: 2006, p. 19.

际观念的影响，决策过程有时是建立在充分信息基础上的理性决策，有时则受到非理性因素，甚至是意识形态的影响，尽管后者并不是国际政治的常态，但往往会对跨国公共物品供给的现实造成重大影响。因此，国家提供全球公用物品的分类法应当关照国家外交决策的动力因素，关照结构之下的个体，但又不仅局限于理性主义的框架之中。

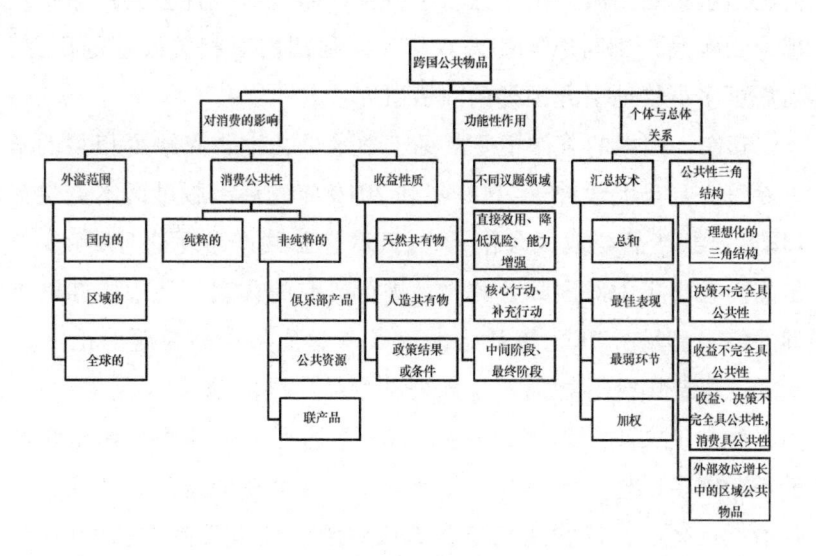

图1—2　跨国公共物品的分类

4. 国内相关研究

国内对跨国或全球公共物品的研究起步较晚，主要集中于21世纪之后，以学术期刊或论文集中的学术论文为主，尚缺少专门的论著。但恰逢国际学界关于跨国公共物品研究兴起之时，因此虽然国内研究力度尚有欠缺，但研究脚步并不落后。特别是在中国共产党十八大之后，新任国家领导人强调向国际社会提供更多的公共物品，以推进全球治理机制的发展和变革，由此带动了国内相关研究文章的涌现。

首先，国内译介了一批跨国公共物品的理论著作，但数量有限，相关译介工作与原版的出版时差还有待缩短。除前述英吉·考尔主编的《全球化之道》，中文本同原版同年出版外；斯科特·巴雷特的《合作的动力》中文版在原著出版5年后才由上海世纪出版集团出版；由张建新主持翻译的《区域性公共产品：从理论到实践》则与原版相差6年。加强国内对相关议题的研究，尚需更多更快地引介国外的前沿研究。

其次，国内的著作主要散见于学术论文中，尚缺少相关的学术专著。复旦大学曾于2009年和2010年先后出版过两本论文集《国际公共产品与地区合作》[1]《区域性公共产品理论与实践》，[2]是国内较早集中对国际公共物品进行研究的代表。从中国知网查询的结果显示，2003年开始出现以全球公共产品为题的论文，[3]随后，以跨国公共物品、全球公共物品、国际公共物品（产品）为主题的论文逐年增多，并在2008年达到一个高潮。除论文数量不断增多以外，涉及领域逐渐变宽，从早期的经济领域逐渐向政治领域蔓延，议题逐渐覆盖高级政治和低级政治。总体而言，中国的跨国公共物品研究侧重于具体的议题领域，尤其是与中国外交相关的国际公共物品项目。其中，王逸舟发表的《中国需要

---

[1] 张建新主编：《国际公共产品与地区合作》，上海人民出版社2009年版。
[2] 樊勇明、薄思胜著：《区域公共产品理论与实践》，上海人民出版社2011年版。
[3] 杜国英等：《论世贸组织的全球公共产品性质》，《世界贸易组织动态与研究》2003年第2期，第19—24页。

大力拓展高边疆和提供国际公共产品》①和蔡拓、杨昊发表的《国际公共物品的供给：中国的选择与实践》，②都提出要把提供国际公共物品同实现中国的国际责任联系起来，作为中国外交的新着力点。中共十八大之后，国家领导人强调"中国的发展得益于国际社会，也愿为国际社会提供更多公共产品"，③并实施了一系列重大外交决策，如推进"一带一路"倡议、举办二十国集团峰会、推动金砖国家合作机制的深入发展，以及创建亚投行等，通过提供跨国公共物品的方式，推动全球治理的发展和变革，在这一背景下，涌现了诸多从国际公共物品的角度解读中国相关外交战略的文章。④

从广义上讲，全球公共物品也包括全球公域和全球公共资源，随着近些年国际学术界和各国政府开始加强对全球公域和全球公共资源的重视，国内学术界也出现了一系列与此相关的研究，如极地、网络空间、外太空和深海资源等，在国际关系学界，此类研究多侧重于围绕全球公域开展的国家间的权力博弈；在国际法学界，此类研究多侧重于相关的国际法建设和评析。其中韩雪晴和王义桅发表的《全球公域：思想渊源、概念体系与学术反思》，⑤从理论史的角度对全球公域做了较为全面的述评；

---

① 参见王逸舟：《中国需要大力拓展高边疆和提供国际公共产品》，《当代世界》2012年第5期，第16—18页。
② 蔡拓、杨昊：《国际公共物品的供给：中国的选择与实践》，《世界政治与经济》2012年第10期，第95—115页。
③ 习近平：《中国发展新起点，全球增长新蓝图：在二十国集团工商峰会开幕式上的主旨演讲》，2016年9月3日，新华网，http://news.xinhuanet.com/world/2016—09/03/c_129268346.htm。
④ 这些文章多以国际公共产品理论考察中国的相关外交决策，集中在公共产品视角下的"一带一路"倡议、金砖国家合作机制、亚投行建设等。
⑤ 韩雪晴、王义桅：《全球公域：思想渊源、概念体系与学术反思》，《中国社会科学》2014年第6期，第188—205页。

杨昊、蔡拓发表的《公地化：解决领土主权争端的另一种思考》则提出借鉴全球公域的实践经验，解决国家间的领土主权争端。[①] 此外，从全球公共物品的视角考察全球治理，也开始成为一些国际关系、国际政治学术会议的主题，[②] 特别值得注意的是，近年在中国学术界出现的全球学研究，也将全球公共物品的供给视做重要研究内容。

最后，以跨国公共物品供给为主题的博士论文开始出现，比如华东师范大学罗鹏部博士的《全球公共产品供给研究》，[③] 从公共选择理论出发，梳理了全球公共物品的供给路径。吴晓萍博士的《从国际公共产品的提供到大国软权力的获得》，[④] 将国际公共物品供给研究同中国的外交实践相结合，并将其视作中国外交软权力的重要来源。复旦大学陈霞博士的《区域公共产品与东亚卫生合作》[⑤] 和复旦大学傅干博士的《区域公共产品视域下的朝鲜与东北亚合作研究》[⑥] 侧重区域案例研究。外交学院薛晓芃博士的《国际公害物品的管理》[⑦] 则从控制负面外部性的角度出发，对全球公共劣品（public bads）进行了论述。这些论文对于

[①] 杨昊、蔡拓：《公地化：解决领土主权争端的另一种思考》，《国际安全研究》2013 年第 3 期，第 75—87 页。

[②] 2014 年 11 月由北京大学国际关系学院主办的第七届"全国国际关系、国际政治专业博士生学术论坛"主题即为"国际公共产品：变革中的中国与世界"。参见网址：http：//www.sis.pku.edu.cn/cn/Message/0000001454/do，上网时间：2014 年 12 月 20 日。

[③] 罗鹏部：《全球公共产品供给研究》，华东师范大学博士学位论文，2008 年。

[④] 吴晓萍：《从国际公共产品的供给到大国软权力的获得》，外交学院博士学位论文，2011 年。

[⑤] 陈霞：《区域公共产品与东亚卫生合作》，复旦大学博士学位论文，2010 年。

[⑥] 傅干：《区域公共产品视域下的朝鲜和东北亚合作研究》，复旦大学博士学位论文，2012 年。

[⑦] 薛晓芃：《国际公害物品的管理：以 SARS 和印度洋海啸为例的分析》，外交学院博士学位论文，2007 年。

将跨国公共物品的理论梳理与中国实践相结合起到了推动作用。

总之,"中国提供国际公共产品的目标、领域、种类、次序、时机、数量等课题都值得花力气去探究和说明"。①

二、概念界定

1. 跨国公共物品与全球公共物品

在学术著作中,超越国界的公共物品,根据溢出范围的差别,有多种命名方式,如国际公共物品(International Public Goods, IPGs)、区域公共物品(Regional Public Goods, RPGs)、全球公共物品(Global Public Goods, GPGs),以及跨国公共物品(TPGs)。在经典学者的定义中,国际公共物品是指那些收益全部或部分溢出,至两个或更多国家的行动或产品。② 跨国公共物品指那些收益的分享或成本的分担超越一个国家,并在某些情况下超越当前世代的公共物品。③ 区域公共物品指那些外溢范围限于特定区域范围内的公共物品,④ 或只有在特定区域内可以得到有效供给的公共物品。⑤ 全球公共物品则有明确的内涵和鲜明的时代特征,其受益范围,从国家看,不仅仅包含一个国家团体;从成员组成看,扩展到几个甚至全部人群;从世代看,既包括当代,又包括未来数代,或者至少在不妨碍未来数代发展选择的情

---

① 王逸舟:《中国外交的思考与前瞻》,《国际经济评论》2008年第7—8期,第8页。

② Ravi Kanbur, Todd Sandler and Kevin Morrison, *The Future of Development Assistance: Common Pools and International Goods*, p. 5.

③ Todd Sandler, Global Collective Action, Cambridge University Press, 2004, p. 76.

④ Ibid.

⑤ Lisa Cook and Jeffrey Sachs, "Regional Public Goods in International Assistance", in Inge Kaul, Isabelle Grunberg and Marc Stern, *Global Public Goods: International Cooperation in The 21ˢᵗ Century*, Oxford University Press, 1999. p. 436.

况下满足目前几代。① 在上述定义中，对跨越国界的公共物品的命名主要遵循两个维度展开，一个是空间维度，一个是时间维度。

从空间维度上看，全球公共物品和区域公共物品的内涵清晰，即根据公共物品收益和成本的外溢空间范围进行命名，一个涉及部分区域，一个则涉及到整体范围。国际公共物品和跨国公共物品对空间范围采取了较为模糊的处理方法，换句话说，后两者在外延上更为广泛，超越一国国界的公共物品都可被归类到其中。

从时间维度上看，全球公共物品和跨国公共物品的定义中都强调了外部性在不同"世代"间的外溢，特别是全球公共物品，其所指涉的领域通常与人类共同体的可持续发展相关，如气候议题、传染疾病问题和生态环境问题等。托德·桑德勒对跨国公共物品的定义中，虽然提及世代的维度，但时间维度并不是一个必要条件，换句话说，跨国公共物品在时间维度上具有更广泛的外延。国际公共物品和区域公共物品的定义中，则未明确涉及时间维度。②

在上述诸种公共物品的定义中，全球公共物品（GPGs）的内涵最为清晰，明确包含了空间（全球范围）和时间（跨越世代）的要求，这种清晰的内涵很大程度上源于该概念提出和兴起

---

① Inge Kaul, Isabelle Grunberg and Marc Stern, *Global Public Goods: International Cooperation in The 21st Century*, pp. 10 – 12, p. 95.

② 实际上，这种时间维度的缺失通常是模糊的，而非绝对的排斥。如在考尔（Inge Kaul, 1999）的著作中，国际公共物品包括了区域公共物品和全球公共物品；托德·桑德勒（Todd Sandler, 2004）在对跨国公共物品的论述中，也将区域公共物品和全球公共物品包含在内。因此，可以认为区域公共物品和国际公共物品实际上暗含了时间维度，之所以全球公共物品和跨国公共物品明示了时间维度，一个重要的背景是，可持续发展理念得到广泛认可，其现实重要性也在全球化时代得到凸显。

的时代背景,即全球化推动了各种涉及人类共同体发展的全球问题的兴起,使得可持续发展理念得到重视,并突出了该理念的现实重要性。当然,这种清晰的内涵也限制了这一概念的外延。区域公共物品(RPGs)概念的内涵也较为明晰,其空间维度限定在特定区域之内,但未明示时间维度。国际公共物品(IPGs)和跨国公共物品(TPGs)的概念的内涵则较为笼统,空间维度和时间维度的外延较大,在既有文献中,全球公共物品和区域公共物品也经常被划归为国际公共物品和跨国公共物品的范围之内。从某种角度来看,研究者使用国际公共物品或跨国公共物品时,背后隐含着不同研究视角,国际公共物品有明显的"国家主义"色彩,与关注点放在国家之间关系的研究范式更为契合,跨国公共物品的定义则有较明显的"跨国主义"范式的色彩,即不仅着眼于国家,同样着眼于跨越国界的群体,并且涉及到不同世代。相较而言,跨国公共物品的外延更为广泛。

因此,上述四种跨越国界的公共物品,从外延范围来看,从小到大依次为:全球公共物品——区域公共物品——国际公共物品——跨国公共物品。

本书研究的路径是从国家实践的历史经验中寻求公共物品供给的经验,并探寻全球治理的实现路径。落脚点在谋求实现全球公共物品的供给之道,而为实现这一目标,需考察历史上不同时期不同区域的跨越国界的公共物品的供给实践。换句话说,本书尝试从广泛的跨越国界的公共物品供给实践中总结规律,并将之用于为全球公共物品的供给提供智力支持。因此,本书选择使用"跨国公共物品"(TPGs)这一最具外延性的概念进行一般的理论阐述,以及描述历史实践。选择使用"全球公共物品"(GPGs)这一内涵最为明晰的概念,指在全球时代对全球

「国家提供跨国公共物品的动力分析」

治理产生重要影响的公共物品,其外部性影响既涉及到国家,也涉及到多元群体,既对当前造成影响,也会对其他的世代造成影响。

2. 国家

国际社会有近 200 个主权国家,所有国家都会对跨越国界的公共物品的总体供给水平造成影响,并且有机会涉入到特定跨国公共物品的管理过程之中。在《面对全球挑战:国家利益中的国际合作》中,全球公共物品国际专项组将对供给者的关注焦点集中于那些具有行动能力的大国,并提出了 Global25 的概念,即在 G20 的基础上,增加非洲、拉美等国家和国际组织的代表,组成全球公共物品供给的主导力量。[①] 但在有些案例中,特别是区域公共物品的供给过程中,小国也同样为动力分析提供了经典案例(如中美洲三国与丰塞卡湾的治理)。

本书中的国家,指那些被主权所界定的,能够合法运用国内资源,并独立运用于外交决策的国际关系行为体。无论其在国际实力分配中的地位高低,或是国内制度特征的差别,皆包含在内。

第三节　研究思路与研究方法

一、研究思路

1. 打破内政与外交的传统区分

传统的国际关系研究大多忽略国内政治对外交决策的影响,

[①] Ernesto Zedillo, Tidjane Thiam, *Meeting Global Challenges: International Cooperation in the National Interest*, Report of the International Task Force on Global Public Goods, Stockholm, 2006, p. 81.

其代表为华尔兹的新现实结构主义,该理论认为人们可以在无视国家内部特性的情况下对国际关系进行有效的观察、分析以及预测。① 这种"台球桌面"式的观念的缺陷在第一节中已有描述,关键的缺陷是与现实政治有明显的脱节,忽略了全球化时代国际关系现实的整体性特征,"要树立整体性观念,就必须破除国际与国内的分隔的观念"。② 尤其考虑到本书的研究主题,跨国公共物品的供给面临的关键问题就是"民族国家的领土主权原则与大量的跨国问题之间的性质冲突"。③ 公共物品的供给将主要由民族国家承担,其收益则由于外部性而被国际社会所有成员共享,在成本和收益的分摊并不一致的公共物品供给面前,民族国家将如何进行抉择?国家实力当然为我们提供了一个有意义的观察角度:实力越强的国家会更有作为。然而这种粗线条的解释在现实面前显得苍白,仅仅考量实力对比,便无法解释在气候变化问题中,为什么在国际实力分配中,处于两端的欧盟和海岛国家站在同一立场,而霸权国美国和新兴大国中国则被列入另一阵营;同样,单纯地考虑国际因素也无法解释美国在一战结束后和二战结束后所奉行的截然不同的外交政策,前者是超然世外的孤立主义,而后者则不遗余力地创造各种国际公共物品,筹划新世界的蓝图。只有将内政当做影响国际关系的重要变量来考量,才能对民族国家在公共物品供给问题上的决策有更准确的认识。

---

① [美]肯尼思·华尔兹著,信强译:《国际政治理论》,上海人民出版社2002年。

② 蔡拓:《全球化观念与中国对外战略的转型》,《世界经济与政治》2008年第11期,第62—72页。

③ [阿根廷]罗伯托·诺格亚:《区域性公共产品、治理与能力建设》,[西]安东尼·艾斯特瓦多道尔、[美]布莱恩·弗朗茨、[美]谭·罗伯特·阮主编,张建新、黄河、杨国庆等译:《区域性公共产品:从理论到实践》,上海人民出版社2010年版,第258页。

在本书中，为对国家提供公共物品的动力进行分析和解释，将尝试把一些国内变量和国家供给的不同模式建立逻辑关系，这些变量包括利益集团对国家利益认知的影响、国内治理结构的外溢性对公共物品供给的影响以及国际组织和公民社会对国家外交决策的影响，这些变量涉及国内和国际两个层面，以打破传统内政和外交的划分对研究的束缚。

2. 务实的理想主义

几乎所有的国际关系理论教材都是以理想主义和现实主义之间的理论论争为开端，并沿着这种两分法梳理国际关系理论的发展脉络，各色研究通常被归类为两大流派的阵营之中，或被认为是两大理论流派的延展和变种，甚至有时被强硬地贴上标签。本书希望抽离这种简单的划分，将研究的理论背景定位为务实的理想主义（pragmatic idealism）或务实的普遍主义（pkgmctic universalism）。①

理想主义追求变化和进步，倡导以国际关系理论的变化解释并支持国际关系现实变化，这种变化自然指向促进国际合作，推动人类共同体公共福利的实现。正如前文所述，本书将全球公共物品的供给视做衡量全球治理水平的标杆，公共物品的供给水平将反映全球治理的实现程度，探明国家对提供跨国公共物品的偏好不仅仅是一项解释性的研究，更有助于找到推动民族国家承担国际责任的路径，以促进全球化进程向善治转变。这一研究的规范方向是要让不以人类意志为转移的跨国公共性向更有利于人类

---

① 马丁·阿尔布劳是务实的普遍主义倡导者，他认为务实的普遍主义包括强调实践精神，重视国家的作用，以及国家、文明间的理解、合作，以实现全球治理。[英] 马丁·阿尔布劳，"实用普遍主义与全球时代的变迁"，《中国社会科学评价》2017 年第 1 期，第 5—8 页。

共同体利益的方向发展，落脚点是趋利避害，最大限度降低跨国公共性的负面影响。该研究方向遵循理想主义追求进步的要旨，但其所要解决的问题同时是所有行为体以至个人都要承担收益或风险的现实问题，研究目标是解决现实问题，研究路径是从实践经验中寻找问题解决的务实之道。此外，本书承认当今国际关系最主要的行为体依然是民族国家，国际关系的本质是理性的民族国家在无政府状态下为实现自身利益而进行互动的现实主义假设，研究对象围绕国家已经做出或正在做出的公共物品供给实践，而所要探寻的就是在无政府条件下，理性而自私的民族国家如何能够满足国际公共物品的需求，进而实现合作和推进全球治理。

二、研究方法

1. 理论与实践相结合

对于跨国公共物品的理论研究，从早期纯粹的公共财政领域的分析，蔓延到社会政治领域，再到国际关系和全球治理研究，积淀了大量的理论成果。早期集体行动的困境和哈丁的公地悲剧，为公共物品的供给做了悲观的预期，随后埃莉诺·奥斯特罗姆等人运用制度经济学理论对公共物品供给的悲观预期进行了修正；在国际关系领域，从霸权稳定论到以新现实主义和新自由主义为代表的主流理论，从国家利益角度阐释国家与公共物品供给的关系；到全球时代，全球治理的理论者又从公共物品供给的角度分析全球化的挑战。本书从国家角度出发，大量借鉴和分析公共物品理论已有成果，并特别注重从历史经验和现实实践中寻找恰当的案例，与相关理论结合，尝试对国家提供跨国公共物品的行为模式进行系统的分析。

2. 跨学科研究

公共物品研究属于公共选择的学科范畴,而公共选择理论本身的主要目标就是用经济学手段分析政治问题,因此公共物品研究本身不可避免地带有跨学科研究的性质。当对跨国公共物品进行观察时,其所涉及的理论工具和实践案例,分布于政治学和国际关系学、经济学和国际经济学的跨学科多元谱系中,可以说,对跨国公共物品的研究就是一项典型的全球学研究(Global Studies)。具体到本书,在对国家动力模式的分析中将侧重于国际关系学分析,其目标指向全球治理,而为了实现这个目标,在对具体国家行为模式的研究中,也将借鉴经济学、公共管理学、国际法学等相关学科知识。

3. 归纳与演绎相结合

归纳法意在从纷繁的现象中寻找出事物内在的运行规律,将特定的研究对象简化为逻辑串联的理论模型,是从特殊到一般的过程。而演绎法则是依据已掌握的理论规律,将其拓展以观察纷繁复杂的社会现象,是从一般到特殊的推理过程。本书将归纳与演绎相结合,首先,将国家供给跨国公共物品的众多实践按不同模式进行分类,对不同的外交实践进行归纳分析,找出国家采用不同供给模式的动力原因。其次,在此基础上进行演绎推理,依据国家行为的特征,对全球时代全球公共物品的充分供给进行思考。在本书中,归纳与演绎的方法各有其相应的功能,具体来说,从国际关系实践的历史和现实中探寻国家提供跨国公共物品的动力模式,并寻找出其中的一般规律是归纳法的运用,而依据一般规律,探索国家提供全球公共物品的诸多具体问题则是依据一般规律进行的演绎。

4. 辩证唯物分析法

马克思主义的辩证唯物主义分析法要求在对研究对象分析

时，应当用联系、发展和全面的观点，并且特别注意具体问题具体分析，将研究对象与其所处的特定时空条件有机结合起来。本书对国家供给跨国公共物品的动力分析，所选取案例包括不同的议题领域和不同种类的公共物品，既涉及前现代国际秩序下的实践、现代民族国家秩序的实践，也包括可称之为"全球秩序"下的实践，并且对各种供给模式依照类型不同进行归类，对每一类模式，根据当时所处的社会条件进行有针对性的分析和总结。

第四节 | 基本框架与创新点

一、本书基本框架

本书的目的，旨在描述国家提供跨国公共物品的动力模式，并着重解释塑造这些不同模式的原因，在此基础上，为如何通过国家供给全球公共物品的方式实现全球治理提供可能的路径。为此，本书需要回答如下问题：国家在供给跨国公共物品的时候有哪几种模式；形成这些模式的原因是什么；以及如何驾驭国家供给的动力。为了描述国家提供跨国公共物品的动力模式，本文根据国家供给的方式，将其区分为主动供给、被动供给和无意识供给。主动供给指行为体在未受到外力作用的情况下承担的国际义务和主动寻求合作；被动供给指国家在受到其他行为体的压力情况下做出的供给行为，这种压力的来源可能是其他国家、国际组织或者公民社会；无意识供给则是在以上两种情况以外，由于行为体的国内治理情况，包括制度设计、观念制度创新等外溢造成的公共物品供给（有时是公共劣品）。很多时候，一国创造的外部性，无论是正面或负面的，并非是国家有意识的外交决策的产物，但其外部性往往会对国家间关系甚至全球治理造成重要影响。为了更详细地观察国家供给的特点，本书将主动供给和被动供给各自区分为积极和消极两类。其中积极—主动主要表现为"被吸引"，往往伴随着意识形态上的热情，有时甚至是一种不计成本的狂热；消极—主动反映的是国家出于成本/收益计算而进行的主动外交行为，反映了"国家理性"；在被动供给中，积极—被动表现为"被说服"，国家在受到外力推动的作用下，表现出对供给行为的认可；消极—被动表现为"被强制"，供给者并未对一项需要付出成本的跨国公共物品产生认同，也并不认为相应的外交行动符合其对相对利益的追求，但却为外部压力所迫而选择了供给（见表1—1）。

表1—1　国家提供跨国公共物品的动力模式

供给方式	起作用的方式	决策过程
积极—主动	被吸引	独立
消极—主动	成本/收益计算	独立
积极—被动	被说服	不独立
消极—被动	被强迫	不独立
无意识	—	—

在解释上述五种供给模式的动力时，本书将公共物品的种类、议题领域、国际组织的强制力、公民社会的作用以及国内治理机制等要素的影响同国家的外交实践联系起来，并为推动国家提供全球公共物品提出建议。

全书具体安排如下：

第一章"导论"，提出本项研究的核心问题，即在跨国公共物品的供给中，国家为什么没有必然成为搭便车者，并回顾了相关领域的已有研究成果，阐述本书的研究意义、方法和研究框架。

第二章"跨国公共物品基础理论与国家供给模式",旨在说明为何全球公共物品的供给是全球时代的重要研究议题。一方面,其本身的供给水平将决定全球治理的水平和走向;另一方面,本书认为,无论是国际关系研究还是全球治理研究,其本质都是一种集体行动理论,而公共物品的供给问题是所有集体行动理论所不能回避的硬核。

第三章"国家在提供跨国公共物品中的主动行为",主要描述国家主动承担国际责任,推动国际合作的外交实践,对主动供给的两种情况——积极—主动和消极—主动——进行描述,并侧重从公共物品议题领域和供给方式两方面对两种主动供给模式的动力来源进行分析。在理论分析之后,通过案例验证主动供给的动力来源是如何在实践上影响国家决策的。

第四章"国家在提供跨国公共物品中的被动行为",主要描述国家在外部力量的推动下实现公共物品供给,分析扮演激励角色的国家、国际组织和公民社会力量是如何对国家供给的模式造成不同影响的,并且通过两个案例进行说明。

第五章"国家在提供跨国公共物品中的无意识供给",则主要描述国家供给的最后但不是最不重要的一种模式,这一部分着重解释什么是无意识的供给,无意识供给有哪些影响,以及该种方式是受到哪些因素的影响形成的,同样辅以案例进行说明。

结论部分是对国家提供跨国公共物品不同模式的动力来源和供给特征的总结,并在此基础上进一步提出推动国家提供公共物品以实现全球治理的初步建议。

二、创新点

1. 立足于跨国公共物品主要提供者的视角开展研究

既往的跨国公共物品研究，侧重于以公共物品理论为出发点，将研究视角集中在一个或几个公共物品领域，论述其供给和消费情况对国际合作的影响。缺乏一种国家的视角，也就是忽略了对公共物品提供主体的能力和特性的考量。尽管有一些学者涉及到该问题，[①] 但缺少详细的论述和成果。既有的研究带有强烈的结构主义色彩，从公共物品本身的特性出发，思考其供需情况、消费情况以及行为体在公共物品面前的集体行动。结构主义的视角揭示了跨国公共物品在供给或收益分配上面临的困境，却不能解释不同的行为体在相同的集体行动的逻辑面前其供给程度的差异。从跨国公共物品支付者的视角出发，观察行为体提供跨国公共物品的偏好，以及塑造行为体偏好背后的推动力，强调内政和外交的互动，并且贴近中国的现实，是本书的重要创新点。

2. 探索国内治理对全球治理的影响

在现有文献中，并不缺乏关于国家治理与全球治理的互动关系的分析，然而这类分析多侧重政策层面，而较少涉及制度层面。在国际关系研究中，海伦·米尔纳构建的"双层博弈模型"强调了国内多元利益部门的利益诉求对国家外交政策的影响，但这种以理性选择为基础的分析缺乏对具体制度设计的探讨，而广为人知的"民主和平论"虽然在国内制度和国际关系之间建构了直接明确的逻辑

---

① ［阿根廷］罗伯托·诺格亚：《区域性公共产品、治理与能力建设》，［西］安东尼·艾斯特瓦多道尔、［美］布莱恩·弗朗茨、［美］谭·罗伯特·阮主编，张建新、黄河、杨国庆等译：《区域性公共产品：从理论到实践》，上海人民出版社2010年版，第256—272页。

关系，但该理论过于宽泛。本书在对无意识供给的分析中，强调特定的国内制度设计对跨国公共物品供给的影响，一方面细化了国内政治外溢的相关研究，另一方面将关注点放在国内至今少有研究的领域。

3. 跨国公共物品新分类法

跨国公共物品供给是全球治理研究的新兴议题，现有研究采用的研究视角、研究方法多源于国内政府架构之下的公共选择理论，主要反映了经济学和管理学的学科特征和研究目的，侧重于将国内公共物品的供给研究延展到国际舞台，虽然在议题领域、供给机制、融资决策、行为体特征等方面做了大量丰富和细致的工作，但现有成果通常侧重案例和项目研究，在将相关成果与国家外交决策相融合，并将之纳入国际关系理论框架方面仍有很大空间。

将跨国公共物品供给嵌入国际关系的学术框架内，从外交决策的视角观察国家提供跨国公共物品的不同方式具有方法论上的重要意义。本书在借鉴统合跨国公共物品传统分类法的基础上，根据国家供给的决策过程的差异，将跨国公共物品区分为主动供给、被动供给和无意识供给三类；根据供给动机的差异，主动供给和被动供给又可依照积极和消极的向度各自区分为两类，不同种类的公共物品供给在实践中表现出不同的供给特征。该分类法将国家特征、外交互动和国际观念与公共物品的特性有机结合，并建立在国家实践经验的基础之上，有助于从国际关系的角度解答国家为什么并非始终是搭便车者，在何种情况下愿意为跨国公共物品供给做出不同程度的贡献，并进而为推动国家治理和全球治理的协调、通过全球公共物品的供给以实现全球治理提供研究的基础和分析的起点。

第二章

跨国公共物品基础理论与国家供给模式

> 不论是国家性还是全球性，公共物品概念本身就意味着"全球化"是一个政治经济过程——而这其中没有任何事物是不可避免的，或不可逆转的。
> ——查克拉瓦西·拉格哈万（Charkravarthi Raghavan）

本章的目的是阐述本书的三个前提，即跨国公共物品的供给对于全球治理是极为重要的，是供给不足的，但不必然是悲观的。为了表明以上三个前提，本章首先进行理论比较，提出国际关系理论实际就是一种集体行动理论，新兴的全球治理理论则是当前涵盖范围最广、参与者数量最多、构成最多元的集体行动理论。在对上述理论的梳理中，可以明显地观察出集体行动理论和国际关系理论之间无论在理论史的发展还是理论的内容上都具有高度的一致性。正如在集体行动理论中展示的那样，公共物品之于国际关系或全球治理，在理论上和实践中都是必不可少的，供给不足的，但并不必然是悲观的。在将集体行动理论和国际关系理论、全球治理理论进行比较梳理后，本章将关注点转向国家——国际关系和全球治理中最为重要的行为体，同时是跨国公共物品供给的最主要来源和承担者。国家的这种身份源于其拥有最值得依靠的实力，与此同时，在具体决策中又伴随着多样化的决策过程和动机。最后，本章将介绍国家提供跨国公共物品的不同动力模式。

第一节　跨国公共物品与集体行动理论

一、集体行动理论中的公共物品

公共物品总是与集体行动理论相联，成为后者理论体系中最重要的概念之一。在两者之间建立起桥梁，并突出公共物品在集体行动中起核心作用的是曼瑟尔·奥尔森经典的集体行动的逻辑，①它真正将集体行动上升到理论的高度而为人所熟知。奥氏集体行动的逻辑简洁有力，通过对公共物品特性的分析，论述了集体参与者数量与集体目标（公共物品）之间的反向关系，即由于对公共物品的消费具有非排他性和非竞争性，理性的行为者会选择搭便车策略，以求取个人收益的最大化，并导致集体目标的失败。

在奥尔森之前的早期集体行动研究中，如古斯塔夫·勒庞（Gustave Le Bon）的集体心理学，虽然没有明确提及公共物品的概念，但在对集体行动的论述中隐喻着公共物品的作用，保留了公共物品概念的空间，在勒庞那里，"群体心理"即是推动集体行动的公共物品。②这种将某种心理因素作为隐喻的公共物品的论述在心理学家的著作中普遍存在，埃里希·弗洛姆（Erich

---

①　[美] 曼瑟尔·奥尔森著，陈郁、郭宇峰、李崇新译：《集体行动的逻辑》，上海人民出版社1995年版，第2页。
②　[法] 古斯塔夫·勒庞著，冯克利译：《乌合之众：大众心理研究》，广西师范大学出版社2007年版。

Fromm)在《逃避自由》中,[①] 对缺乏安全感的群体投入强权政治的怀抱的行为,做出了心理学上的分析,指出正是"安全感"的缺失,让人们通过拥护政治强人的方式病态地缓解症状。在弗洛姆那里,"安全感"是对个体至关重要的并可以在集体中分享的公共物品,正是对公共物品的渴望塑造了人们的集体行动。从心理学派到奥尔森,集体行动与公共物品总是形影不离,只不过有时是作为一种集体行动的目标(最终公共物品),有时是作为集体行动的进程(中间公共物品)。

奥尔森以降的集体行动研究,基本沿着奥尔森的思路,在理性主义范式内展开,通过对其理论的假设进行批评、修改,或对经验事实与理论不符之处进行归纳等方式重新演绎集体行动理论。但无论是何种思路,都指向重新审视公共物品与集体行动之间的关系。包括在作为行动结果的公共物品以外,关注作为过程的诸多公共物品,如情感、意识形态、规则、机制等,考察这些公共物品的生产是否同最终公共物品的供给一样困难,是否有其他变量影响到中间公共物品的供给情况,并进而影响到集体行动的最终结果,如埃莉诺·奥斯特罗姆通过增加机制变量对集体行动理论的修正,马克思主义者强调阶级以及由此伴生的"共同经验"对集体行动的影响等。[②]

总之,集体行动理论是研究由具有某些特质的个体所组成的集体是如何实现集体目标的,具体研究问题可以包括行为体的特质、集体目标的特质,个体与结构之间的逻辑关系,影响二者互

---

① [奥]埃里希·弗洛姆著,刘林海译:《逃避自由》,国际文化出版公司2000年版。
② 关于制度主义的集体行动观念,参见[美]埃莉诺·奥斯特罗姆:《公共事务的治理之道》;关于文化马克思主义的集体行动理论,参见[英]汤普森著,钱乘旦等译:《英国工人阶级的形成》,译林出版社2001年版。

动的规则机制，以及改善集体目标实现的方法等。由于集体目标具有公共物品的外部性特征，集体目标的达成不能期待由市场扮演其在私人物品供给中的作用，因此集体行动研究不同于古典自由主义经济学研究，该理论必得寻求市场之外的力量实现集体目标的达成，这其中就包括了权威的强制力、权力的相互制约、行为体的进化、规则的制定等政治学的研究内容。[1]

集体行动的理论谱系为不同的学科领域提供了研究方法、视角和框架，其中最典型的渗透融合体现在政治经济学和社会学研究领域。对于政治经济学而言，公共物品与集体行动共同构成了公共选择理论的基础，公共选择理论用经济学的研究方法研究政治问题，[2] 将政治行为中的行为体，从选民、利益集团、官僚到国家领导人视作理性的经济人，将政治过程视为一种交易。奥尔森集体行动的逻辑指出公共物品的特性导致搭便车策略的盛行，而集体行动的目标难以通过市场的力量实现，政治过程不能像传统经济学家设想的那样依靠看不见的手顺利地实现，在政治市场中，公共物品的供给必将依赖经济市场之外的力量寻求解决，包括激励偏好的展示、创设或改变规则、发挥中央权威的作用等。社会学中的社会运动研究同样深受集体行动理论的浸染，社会运动研究的内容是"有许多个体参加的、高度组织化的、寻求或反对特定社会变革的制度外政治行为"，[3] 由于社会运动往往是对权威的一种反对，因此如何在排除公共权威的情况下达成社会运动的目标，成为研究的题中应有之义，由个体组成的，在环境、

---

[1] 许云霄：《公共选择理论》，北京大学出版社2006年版，第4页。
[2] [奥] 丹尼斯·缪勒著，韩旭、杨春学等译：《公共选择理论》，中国社会科学出版社2010年版。
[3] 赵鼎新著：《社会与政治运动讲义》，社会科学文献出版社2006年版，第2页。

社会权利和政治诉求等各领域中的社会运动，也成为一种典型的集体行动。

集体行动理论所要揭示的问题，即由个体理性和集体理性之间的张力造成的市场失灵，在社会科学各领域都会涉及，因此赋予了该理论极大的生命力。国际关系研究和全球治理研究领域同样如此，集体行动理论和公共物品在上述两个领域强大生命力的反映，不仅仅体现在它们是某些特定理论框架的解释工具，而且在于国际关系和全球治理研究本身就是集体行动研究，而跨国公共物品或全球公共物品就是以上两种研究的核心议题。

二、集体行动视角下的国际关系理论

在国际关系研究中，国际公共物品主要是作为"霸权稳定论"的基础概念而得到关注。关于霸权稳定论的论述，最早出于经济学家，今天的国际关系学界也将该理论归为国际政治经济学（IPE）的研究范畴。"霸权稳定论最富特色的地方在于把权力分布（自变量）和国际经济的开放程度（因变量）联系起来"，[1]当国际体系的权力分布趋向高度集中，也就是出现霸权国的时候，霸权国会通过创建国际机制等方式提供国际公共物品，保证国际经济体系的开放性和稳定性。最早描述霸权稳定论的是美国经济学家金德尔伯格，在《世界大萧条：1929—1939》一书中，作者将20世纪二三十年代的世界经济危机归因于"作为霸权国家的英国失去了继续领导国际经济的能力，而能力上能够担当起

---

[1] 钟飞腾：《霸权稳定论与国际政治经济学研究》，《世界经济与政治》2010年第4期，第109页。

这个角色的美国则缺乏意愿"。①金德尔伯格的理论观点强调了国家实力同自由贸易体系之间的变量关系,很快吸引了国际关系学者的注意。罗伯特·吉尔平和斯蒂芬·克拉斯纳（Stephen Krasner）等人先后发表论著,②将霸权稳定论代入国际关系领域,让该理论更富有政治学色彩。国际关系学者对该理论进行的一项重要修正对我们理解国家实力与公共物品的供给关系具有重要意义,这项修正就是"从强调领导国出于仁慈目的提供公共物品,转入强调霸权国之所以这样做是因为自身的利益,是成本收益分析之后的国家利益决定国家的对外行为"。③这样,通过国家的理性选择假设,将国家实力与公共物品的供给连接起来。

在本书看来,集体行动与公共物品在国际关系研究中的重要作用不仅体现为它已成为某些理论流派的分析工具（如霸权稳定论）,更重要的是表示国际关系学科本身就是一种集体行动理论。从研究对象和内容来看,集体行动理论关注行为体及其性质、集体目标及其特质、行为体的互动进程以及三者之间的逻辑关系。如果对国际关系研究做一番简要回顾会发现,国际关系就是超越国家界限的集体行动研究。作为一门学科的国际关系诞生于一战结束之后,面对世界大战的惨痛教训,人们开始思考如何避免悲剧的再次发生。自1919年威尔士大学出现首个国际政治教席以来,相关研究机构开始在欧洲和美国涌现,探索战争原因成为该

---

① 钟飞腾:《霸权稳定论与国际政治经济学研究》,《世界经济与政治》2010年第4期,第112页。

② Robert Gilpin, *U. S. Power and the Multinational Corporation: The Political Economy of Foreign Direct Investment*, The Political Economy of International Relations Series Basic Books, 1975; Stephen D. Krasner, "State Power and the Structure of International Trade", *World Politics*, Vol. 28, No. 3, 1976, pp. 317–347.

③ 钟飞腾:《霸权稳定论与国际政治经济学研究》,《世界经济与政治》2010年第4期,第113页。

「国家提供跨国公共物品的动力分析」

学科成立之初的重要目标。① 战争，尤其是现代战争，对于相关国家来说是一件典型的公共劣品，而缔造和平则是在跨国范围内寻找公共物品供给的可能。在这个意义上不妨说国际政治学科辅一创立，就在探索如何在众多国家组成的世界舞台上寻求公共物品的供给和创造。这样的学科特点，在两次世界大战之间威尔逊主义的兴起中可见一斑，伍德罗·威尔逊（Thomas Woodrow Wilson）的十四点原则，诸如确保航行自由、消除贸易壁垒和建立国联等，都指向公共物品的供给。

国际关系研究就是集体行动理论在国际层面的应用，与集体行动理论一样，国际关系研究的目标是诸如十四点原则里的国际公共物品的供给，影响公共福利实现的因素包括民族国家的特征、国际体系的结构、行为体间的互动进程，以及三者之间的逻辑关系。此外，两者之间的同质性，最明显地表现在几乎主流国际关系理论都可在集体行动理论中找出原型。

首先，现实主义国际关系理论与理性选择理论。在短暂的理想主义激情过后，现实主义成为国际关系研究领域的主流，相对于十四点原则式的理想主义，现实主义的逻辑更为清晰，也为随后的国际关系实践所证实。现实主义较少提及集体目标，怀疑共同获益和公共福利等概念在现实政治中的意义，但现实主义依然是一种集体行动理论。一方面，该理论本身与集体行动理论中的理性选择学派在理论模型、假设和结论方面高度相似。另一方面，尽管对公共物品抱持悲观态度，但现实主义的结论通常都包含了对公共物品隐含的描述。在现实主义者看来，国际体系处于无政府状态，理性的国家奉行霍布斯式的自助法则。现实主义者

---

① ［挪］托布约尔·克努成著，余万里、何宗强译：《国际关系理论史导论》，天津人民出版社2004年版，第218页。

「第二章　跨国公共物品基础理论与国家供给模式」

强调相对获益对国家外交行动的影响远甚于绝对获益的考量，在汉斯·摩根索（Hans Morgenthau）看来，国家实现目标的手段依赖权力，权力界定的利益是现实主义国际关系理论的重要基石。这种权力的运作方式多种多样，包括联盟、战争、均势外交等等。如果将国际政治理论家所使用的学科概念换为集体行动研究的概念，现实主义国际关系理论即是理性选择集体行动理论。以奥尔森为代表的理性选择理论对集体目标保持悲观态度，对行为体的假设同现实主义国际关系理论对国家的假设完全一致，理性的经济人所看重的是相对获益，由于囚徒困境，合作意味着承担被对手背叛的风险，搭便车成为行为体的首选策略，这与现实主义国际关系理论中对合作的悲观预期高度吻合，因为同样出于被其他行为体背叛的担心，后者特别强调自助原则。理性选择集体行动理论的核心命题是行为体数量与集体目标实现的反向关系，同样的论述，也可以在肯思·华尔兹（Kenneth Waltz）关于行为体数量与国际稳定的论述中找到原型。在华尔兹看来，行为体数目与国际稳定呈反向关系，强国的数量越多，外交成本即相应上升，稳定性也随之下降。虽然结构现实主义并未明确指出搭便车的风险，但外交成本的上升实际上意味着相互掣肘和推卸责任的风险提高，奉行理性的行为体更易出现单边倾向而非合作保持稳定。①对于集体行动来说，缓解困境的钥匙在于中央权威的实现或产权私有化方案，以实现公共物品或将外部性内部化。在现实主义者那里，同样能够找到相同的解决方案，只不过表达方式换为国际政治术语。国际关系领域中的中央权威意味着世界政府，在现实主义者看来世界政府是一个遥远、脆弱而且危

---

① ［美］肯尼斯·华尔兹著，信强译：《国际政治理论》，上海人民出版社2008年版。

险的虚幻神话,理想主义者因追求神话而遭到现实主义者的批判,但现实主义拾起神话作为现状永恒的依据。正是因为世界政府的不可实现,现实主义者转而将维持国际秩序稳定的重点转为产权私有化方案,即依托主权概念,强调国际关系中的国家中心主义。显然,宣称真正理论化的新现实主义完全就是理性选择集体行动理论在国际关系研究中的翻版:无政府状态结构下的理性国家奉行自助原则——缺乏外部激励机制情况下的理性行为体,拒绝为国际合作承担成本,倾向于搭便车策略,从而降低了所有行为体对合作的预期。

其次,自由主义国际关系理论与集体行动理论。在国际关系理论中,理想主义与自由主义一脉相承,与现实主义理论分庭抗礼。理想主义受到和平主义思潮的影响,后者反映了启蒙思想的规范取向,这一思想脉络由一些伟大的名字贯穿:康德、边沁、格劳秀斯、洛克等。启蒙思想家的思想传统在理想主义的思想中表现为对人性的乐观态度,尽管自私是不可更改的,但同时人们的理性又赋予了人类改善世界的能力,如通过民主公开的方式制止战争的发生,通过贸易自由促进和平与繁荣,而人类的未来也可期盼一个民主的公共权威,成为一个理性、和平、繁荣的共同体。早年的理想主义与奥尔森之前的传统集体行动理论有异曲同工之妙,传统集体行动理论认为集体会促进个体利益的实现,当人们结成一个组织时,对于共同目标的追求会推动集体目标的出现。[1] 理想主义的言论可成为传统集体行动理论观点的注脚,如康德认为理性的个人可以认识到,战争总是使统治者获益,而普通公民则需为之支付生命和捐税的代价。这种建立在个体理性上

---

[1] [美]曼瑟尔·奥尔森著,陈郁、郭宇峰、李崇新译:《集体行动的逻辑》,上海人民出版社1995年版,第5页。

「第二章 跨国公共物品基础理论与国家供给模式」

的共识将会推动和平的利益。① 正如理性选择理论推翻了传统集体行动理论的乐观结论，现实主义以及现实政治的发展摧毁了理想主义的美好愿景。但同样，正如自组织理论修正了理性选择理论一样，新自由主义也对现实主义进行了修正，不断推动着理论的进步。在第二次世界大战结束后的现实主义主导之下，制度自由主义开始崭露头角。制度自由主义承认现实主义的假设，无政府状态、国家中心、国家理性，但在无政府结构和理性行为体之间，增加了国际机制这一进程变量。国际机制包括国际规范、原则、网络、程序等，这些进程会对结构产生影响，并进而改变国际结构。② 由于国际机制等进程的功能性作用，国际关系的霍布斯特征有望消减。进程变得重要的背景是复合相互依赖的兴起。国家间的互动策略由简单囚徒困境向多次重复博弈转变，而阿克塞尔罗德（Robert Axelrod）验证的多次囚徒博弈建立在如下基础上：行为体之间的互动关系并非一次性的，当博弈回合增加时，一报还一报的策略会脱颖而出，出于对报复的顾忌，行为体倾向于合作的策略，博弈有可能在绝对获益的状态下达到纳什均衡。③ 国家作为国际关系的主要行为体，极低的死亡率导致其处于典型的多次博弈之中，尤其是大国。阿克塞尔罗德的多次重复博弈模型同样为集体行动理论的自组织理论所吸收，从而开创出与制度自由主义逻辑结构和理论内容高度近似的集体行动制度学派。为了超越奥尔森对集体行动的悲观预期，奥斯特罗姆考察了世界各

---

① ［挪］托布约尔·克努成著，余万里、何宗强译：《国际关系理论史导论》，天津人民出版社2004年版，第146页。
② ［美］罗伯特·基欧汉、［美］约瑟夫·奈著，门洪华译：《权力与相互依赖》，北京大学出版社2004年版，第47—48页。
③ ［美］罗伯特·阿克塞尔罗德著，吴坚忠译：《合作的进化》，上海人民出版社2007年版。

地应对公共资源的传统历史,指出,在代代相传的传统中,处于多次博弈过程中的行为体通过设立各种规则、建立制度,以维护对公共资源的合理利用,而不是哈丁式的"公地的悲剧",并从这些实践中提取了八项原则,包括"清晰界定的边界、符合当地条件的占用和供给规则、集体选择安排的公正性、监督、制裁、冲突解决机制、行为体设计制度的自主权和多层次的管理实体"。① 传统社会组织在历史的延续中提供了相应的奖惩机制,多次博弈赋予规则以力量,保证了公共物品的持续供给,保证了追求绝对获益和集体福利成为行为体的理性选项。

再次,建构主义与意识形态集体行动理论。建构主义国际关系理论是与现实主义和自由主义鼎立的另一个重要理论流派,与现实主义和自由主义共享的一系列假定不同,从建构主义的视角出发,国际关系并不必然是一种悲观的循环,当然也不必然是一个乐观的乌托邦,其取决于行为体互构所塑造的观念结构。共有观念为行为体所共享,并决定国际关系的互动和走向,而共有观念是可被塑造的,温特的论文标题"世界国家为什么不可避免"② 就表明了一种极为乐观的态度。当然这种共有观念也可以走向霍布斯式的丛林法则。行为体及其之间的互动被赋予了更多的自主性:国家之间的关系并不仅仅是原子式的,而是处于相互学习和相互模仿的社会化进程之中,自我对利益的认知受到与他者的主体间性的影响,而能够积极寻求良性互动,推动进步的力量与传统的现实主义力量同样在国际社会中存在并影响着行为体的选择。同

---

① [美]埃莉诺·奥斯特罗姆著,余逊达译:《公共事务的治理之道》,上海译文出版社2012年版,第108页。

② Alexander Wendt, "Why a World State Is Inevitable: Teleology and the Logic of Anarchy", *European Journal of International Relations*, Vol. 9, No. 4, 2003, pp. 491 – 542.

样从理念主义角度出发,重视文化、教育和符号互动的意识形态集体行动理论也在对经典的理性选择理论发起挑战。在意识形态集体行动理论者看来,现实中的行为体并不必然是自私的,个体在成长过程中受到的来自家庭、社区和学校的教育,会促使行为体做出与简单理性选择理论悲观预期不同的行动,行为体会为集体目标做出贡献而忽略对相对获益的计算。此外,在一个集团内部,集体观念会约束和影响行为体的选择,"当人们处于一个集团中时,价值观念也在变化","家庭和教育灌输的价值观念以及社会强有力的道德和伦理法则会导致人们限制他们的行为,以致他们不会做出像搭便车那样的行为",[1] 建构主义国际关系理论与意识形态集体行动理论所强调的观念,本身是一种公共物品,可为参与者所共享,而这些中间公共物品又导致最终集体目标的实现。

三、集体行动理论视角下的全球治理

随着全球化的深入发展,全球治理开始成为学者关注的新兴领域,为应对全球化的挑战,全球治理理论开始兴起。全球治理同样是一种集体行动理论,是迄今为止,包含行为体最为广泛、涉及范围最为庞杂的集体行动理论。"治理是各种各样的个人、团体——公共的或个人的——处理其共同事务的总和。这是一个持续的过程,通过这一过程,各种相互冲突和不同的利益可望得到调和,并采取合作行动。这个过程包括授予公认的团体或权力机关强制执行的权力,以及达成得到人民或团体同意或者认为符

---

[1] 冯巨章:《西方集体行动理论的演化与发展》,《财经问题研究》2008 年第 8 期,第 26 页。

合他们利益的协定。"① 其集体目标指向全球善治，包括全球范围内的和平与稳定、发展与进步、权利保障和公平等，行为体包含了传统的国家行为体和非国家行为体，互动进程和治理的规则向平等、协商和网络化方向转变。虽然不同的研究者在具体研究方向和价值取向上有所差异，但都建立在一个共同的根基上，即全球化给全世界的国家、社群带来了巨大冲击、潜在收益和风险，在没有世界政府的前提下探寻实现善治的路径。在全球治理研究范畴之内，可以看到如传统理性选择集体行动理论那样的研究思路，通过寻求建立世界政府或更多地依赖主权原则以实现集体目标；如制度集体行动理论那样的研究思路，寻求国际机制或功能性组织的力量，通过全球范围内的民主建设以实现集体目标；如文化取向的集体行动理论那样的研究思路，通过多元行为体，尤其是跨国倡议网络推动规范和价值上的全球性以实现集体目标。

总之，将国际关系理论和全球治理理论与有代表性的集体行动理论进行比较，意在说明公共物品并不仅是国际政治研究或全球治理研究中的一个工具，更重要的是，国际关系研究与全球治理研究本身即是集体行动理论在特定学科领域的运用。正如公共物品之于集体行动研究，国际公共物品和全球公共物品同样是国际关系研究和全球治理研究的重要基石。在自由主义者和建构主义者那里，公共物品通常作为中间变量对理论模型发挥重要的作用。虽然在现实主义者那里，公共物品的概念远没有获得像"权力政治""国家利益"等私人物品概论那样的重视，作为外交目标的公共物品（如和平、合作）又是悲观难得的，但这种忽略和

---

① ［瑞典］英瓦尔·卡尔松等著，赵仲强等译：《天涯成比邻——全球治理委员会的报告》，中国对外翻译出版公司1995年版，第2页。

轻视实际上隐喻了公共物品在国际关系理论中的重要性：正是由于国际社会集体目标具有公共物品特征，而解决公共物品供给不足的公共权威难以实现，现实主义才会转向对产权私有化，即主权原则的崇拜。在国际关系和全球治理理论中，公共物品研究始终是至关重要的，尽管时明时暗。

第二节　全球公共物品供给与全球秩序

在理论上，全球公共物品的重要性表现在它是全球治理研究的理论基石；在现实上，全球公共物品的重要性表现在它是构建新的全球秩序的基石。

一、全球秩序释义

1. 社会秩序一般特征

首先，社会秩序具有价值性。人们常用秩序一词描述特定社会系统的一种稳定状态，这种稳定状态是为实现特定目标表现出来的某种行为模式和互动关系。与体系、格局等偏重物质层面的描述不同的是秩序概念所特有的目的性和价值性，"人们在社会生活中所寻求的秩序，并不是个人或集团相互关系中所呈现出来的格局或规律性，而是导致某种特定结果的格局，一种旨在实现特定目标或价值的社会生活安排"。[①]

自人类文明诞生以来，人们就不断思考如何实现社会生活秩序的改善，即什么样的目标更值得追求，什么样的社会安排更有

---

① [英]赫德利·布尔，张小明译：《无政府社会》，世界知识出版社2003年版，第4页。

利于目标的实现。在雅斯贝尔斯意义上的轴心时代的东西方思想家往往从伦理学的角度设计人类社会生活秩序,这一时期社会秩序的价值导向是实现善、理性和道德。随着人类思想的进步和对社会生活边界认知的扩展,更加宏观的具有世界意义的社会秩序设想开始出现。从但丁到康德,再到威尔逊,在国际政治成为一门独立学科之前的这段时期,思想家们对宏观社会秩序的设想洋溢着一种乐观精神,人类智能的发展、促进和平和防止战争是这一时期社会秩序设想的主要价值导向。①

随着主权原则在世界范围内的扩展和确立,人们对宏观社会秩序的思考开始以主权国家为核心,秩序的价值倾向更多体现为一种国家理性。基辛格论述的以大国关系为基础的均势秩序是其中的代表思想,②奉行均势原则以维持国际秩序的思想在现实主义中一脉相承,从摩根索到华尔兹,他们都认为只有国家间实力的特定分布才能保证秩序的稳定和运转。现实主义者并没有放弃秩序的价值导向,而是以国家的道德取代普适的道德法则,以适应主权时代。

赫德利·布尔(Hedley Bull)在对国际秩序的经典分析基础之上,还具有前瞻性地论述了一个以人类整体利益为目标,相较于国际秩序更基本,范围更广以及道义上更有优越性的世界秩序。③ 20 世纪 90 年代以后出现的世界秩序主义研究挑战了传统

---

① 但丁和康德的世界秩序设想可参见:[意]但丁:《论世界帝国》,商务印书馆 1985 年版。[德]伊曼努尔·康德:《永久和平论》,上海人民出版社 2005 年版。威尔逊的的思想集中体现在他的"十四点原则"中。

② [美]亨利·基辛格著,顾淑馨、林添贵译:《大外交》,海南出版社 1997 年版。

③ [英]赫德利·布尔,张小明译:《无政府社会》,世界知识出版社 2003 年版,第 17 页。

现实主义研究对国际秩序的观点。在世界秩序主义者看来，世界形势的变化，如冷战的缓和、公民运动的兴起以及全球问题的凸显，对传统的现实主义研究构成了挑战，强调世界秩序研究应当关注人类的整体利益、关注国家行为体的有限性和多元行为体的兴起，关注全球问题的挑战。①

对于不同社会秩序的判断取决于判断者采取的价值标准，然而，对于一种秩序的设计者和塑造者来说，特定秩序所要实现的目的一定是值得追求的，它优于之前的秩序或现有的秩序。秩序概念特有的目的性决定其价值性。

其次，社会秩序具有可行性。实现社会秩序并不仅是理论家的思考，也是决策者的实践。随着技术进步和人类社会发展，人类对社会认知范围逐渐扩展，决策者不断在行动能力所及范围之内，探索实践秩序的安排。

在帝国时代，古罗马帝国、阿拉伯帝国和中华帝国都在特定区域围绕自身建构起一套秩序安排，这些秩序安排都有一个权力中心，权力的不均等分配是帝国秩序的基础，②并且通过提供一套思想观念上和制度安排上的公共物品，以维系秩序的运行。中世纪被认为是一个权力和权威存在于多种不同的相互重叠的层次中的时代，③个人效忠权威的多元化建立在权力分配多元化的基础之上，君主或国家必须同低于自己的诸侯和高于自己的教皇以

---

① 参见潘忠岐：《世界秩序：结构、机制与模式》，上海人民出版社2004年版，第38—40页。
② [英] 巴里·布赞著，刘德斌译：《世界历史中的国际体系》，高等教育出版社2004年版，第158页。
③ [美] 卡伦·明斯特著，潘忠岐译：《国际关系精要》，上海人民出版社2007年版，第22页。

及神圣罗马帝国皇帝共同分享权力。① 基督教思想、教会制度和封建制度的混合，以及教权和世俗权力的分配共同塑造了这一时期的秩序。

与当今时代紧密相联的是自威斯特法利亚合约签订以来的国际秩序，其建立在主权原则之上。国家间实力的分配是所有国际秩序的物质基础，制度建设主要表现为主权国家间的外交互动，观念基础是主权对内的至高无上和对外的平等。尽管现代国际关系充满了围绕主权的斗争，但所有被认为是一种稳定秩序出现的时候——从威斯特法利亚到维也纳，从凡尔赛华盛顿到雅尔塔——都建立在大国外交和对主权尊重（至少是大国主权）的基础上。其中，雅尔塔体系同无产阶级世界革命理论在观念上出现了摩擦，务实的斯大林立即以"一国建成社会主义"的理论缓和两者之间的张力，实际上维系了以主权原则为核心的国际秩序。

特定的秩序安排，在实践层面上必须考虑到其实践的可行性。国际关系研究的不同流派，从权力、制度和观念等不同侧面强调实现特定目标的基础，在实践中，这些侧面互为补充，可行性要求在探讨一种社会秩序时，必须考虑到其权力、制度和观念基础。

最后，社会秩序是一种稳定的状态。秩序是一个相对的概念，没有绝对的无序社会和绝对的有序社会。即使是霍布斯意义上的原始状态，弱肉强食的丛林法则也有助于我们对系统的运行以及行为体的行为模式进行观察和预测，在这种状态中，行为体的自保即是目标，生存下去就是至善。然而我们很难将所有人反对所有人的状态视为一种有序状态，所有人反对所有人的结果是

---

① ［英］赫德利·布尔，张小明译：《无政府社会》，世界知识出版社2003年版，第204页。

所有人的各种目标都难以得到保障。强调秩序的稳定性在于避免落入相对主义的陷阱，限定秩序概念的外延，保证该概念的解释力。

2. 全球秩序的内涵

在现有文献中，对全球秩序概念的使用表现出三种倾向。

其一，将全球秩序视作国际秩序的全球化，将主权原则在世界范围内的确立视作全球秩序的内涵。[①] 其二，将全球秩序视作一个无所不包的概念，如有学者认为"它不仅包含着国际秩序、世界秩序所关涉的范围，亦将环境等低度政治层面纳入其范畴，进一步将国际治理概念贯穿其中，强调秩序的整体性、全球性、复合相互依赖等特征"。[②] 其三，高扬全球时代的新质，强调全球秩序的全球性，以全球性取代现代性，通过赋予全球秩序明确的概念界定以区分于国际秩序和世界秩序，打破了国家中心主义的范式，"创造、支持这种全球秩序的所有条件发生了历史性变化，它的理念、内涵、结构、目标、角色、手段环境等因素，正在相当程度上建构新秩序的框架，新型的规则化的决策机制框架，传统的大国中心型秩序已无可避免地衰败了"。[③] 对全球秩序的这种使用方法多见于全球化研究的变革论者中间，如戴维·赫尔德（David Held）的"世界主义民主"[④] 设想，关注宏观全球秩序的微观基础，强调公民权利的扩展对全球秩序实现的意

[①] Lynn Miller, *Global Order: Values and Power in International Politics*, Boulder, CO.: Westview Press, 1994.

[②] 门洪华：《大国崛起与国际秩序》，《国际政治研究》2004 年第 2 期，第 134 页。

[③] 俞正樑：《全球化背景下全球秩序的重构》，《立信会计高等专科学校学报》2003 年第 17 卷第 1 期，第 3 页。

[④] ［英］戴维·赫尔德著，胡伟译：《民主与全球秩序》，上海人民出版社 2003 年版。

义。此外，以吉登斯为代表的"第三条道路"①也提出了类似的全球秩序观，认为全球秩序的构成基础是世界性民主和有制度保障的全球性治理。

本书认为，全球秩序是以维护人类整体利益为价值导向的，为治理全球问题，围绕全球公共物品的供给，在全球层面上国家、公民社会和市场之间形成的一种稳定的互动状态和社会安排。全球秩序的特征包括：

第一，全球秩序的价值导向是人类中心。秩序的价值性体现在秩序所追求的目标上，国际秩序的目标是实现国家利益，国家的生存与发展就是至善，而全球秩序的目的是治理全球问题。全球问题的全面性，以及伴随全球化进程产生的外部性，导致人类共同体面临着共同命运，所有人类，无论其属何种集团、阶级或民族，无论其正生活其中或将要生活其中，都承担着共同的风险。作为以治理全球问题为目标的全球秩序，其价值导向是人类中心的，强调人类利益的整体性和发展的可持续性。

第二，全球秩序是可行的。全球秩序的可行性体现在实现目标的手段，全球公共物品的供给为实现全球秩序的目标提供了一个可行的途径。它关注行为体间的实力分配，并且用以观察和设定不同行为体承担全球公共物品供给的责任；它关注功能性的制度建设，重视其对维系公共物品供给和设定标准的意义；它关注观念的力量，并借以分析行为体的行动意愿。

第三，全球秩序是一种稳定的合作状态。治理全球问题的目标，就是应对由全球化这一进程所造成的各种问题的外部性，保护积极外部性得以持续且合理的分配，消除各种消极外部性对人

---

① ［英］安东尼·吉登斯著，郑戈译：《第三条道路》，北京大学出版社2000年版。

类共同体的损害。作为公共劣品的冲突、混乱和战争,其负面外部性有损于人类多重目标的实现,与全球秩序的目标和价值相抵触。全球秩序倡导稳定持续地提供全球公共物品,实现这一目标的前提是国家与社会间的合作。

二、全球公共物品与全球秩序

目的、手段和行为体是构成一个社会秩序的核心要素,[①] 对全球秩序的探讨需要对以上三个要素进行解释。社会秩序是目标导向的,只有确立了秩序的目的,才能讨论实现目标的手段,以及行为体在其中的作用。

1. 全球秩序的目的:治理全球问题

当我们说维也纳体系是一种国际秩序时,意味着该秩序能够治理困扰欧洲大国的问题,包括协调国家间关系、应对革命挑战。"没有秩序就没有治理,没有治理也没有秩序",[②] 一个秩序的目的是治理特定的时代问题,全球秩序的目的是治理全球问题。

20世纪60年代末罗马俱乐部的诞生标志着全球问题进入人们的视野,罗马俱乐部尝试用世界模型描绘现代人类社会面临的诸多挑战,如生态问题、人口问题、资源和能源问题等。该组织的一系列相关报告引起了世界各国有识之士的关注,并推动了包括学者、研究机构以及政府在内的诸多部门合作,推出了各种全球模型,用来对人类社会的发展前景进行预测。这一阶段的全球

---

① [美]亨利·基辛格著,顾淑馨、林添贵译:《大外交》,海南出版社1997年版,第747页。
② [美]詹姆斯·罗西瑙:《没有政府的治理》,江西人民出版社2001年版,第8页。

「国家提供跨国公共物品的动力分析」

问题研究集中关注伴随现代化出现的人类和其生存环境之间的各种矛盾,研究者开始重视人类利益的整体性,以及改变传统国家政策和发展目标的重要性,出现了全球秩序思想的萌芽。《增长的极限》提出,为了达成世界均衡的目标,"必以个人、国家和世界的价值和基本目标变革为基础","达到全球的经济、社会和生态平衡的和谐状态,必须是以共同信念为基础的共同的冒险行动,而且与所有人的利益一致"。①

随着全球问题的蔓延和发展,对其进行治理逐渐成为一种独立的全球秩序的目标。20世纪90年代以后,伴随两极格局的解冻,全球化开始深入发展,各国之间的多领域交流和相互依赖逐渐加深,一些传统上在国内层面可以解决的问题开始出现了跨国趋势,如跨国犯罪;一些问题开始借助全球化之势在全球层面加速蔓延,如传染病;一些问题在全球时代出现了解决的可能,如削减贫困,保障人权;一些原本就具有跨国性,但是在两极格局下被掩盖的问题得到凸显,如恐怖主义和民族问题。所有这些问题都与全球化的深入发展紧密相关,而对其治理的结果将直接影响到人类共同体的安全、发展和公平正义等目标的实现。传统的国际秩序在面对这些问题时表现出来的能力和意愿的缺失,呼吁着一个在价值上和实践上与之更适应的全球秩序。

全球秩序所要治理的全球问题涉及安全、发展和公平与正义等多维度,但其归宿都指向人类整体性利益的实现。

2. 全球秩序的手段:供给全球公共物品

全球化的一个显著后果是,各种全球问题借助人类社会日益紧密的多领域的相互依赖,开始成为困扰人类社会生存和发展的

---

① [美]丹尼斯·米都斯著,李宝恒译:《增长的极限》,吉林人民出版社1997年版,第151页。

· 64 ·

重要威胁。一方面，一些亟待解决的全球问题，其妥善治理本身就有赖于公共物品的供给和管理。比如贫困和粮食问题，如果没有发达国家的对外援助和更公平的全球经济秩序等公共物品，世界范围内的贫富分化无疑会加剧，并且成为国际稳定的重大威胁。

另一方面，困扰人类社会的诸多全球问题具有了外部性，无论其外部性是积极的（public goods）抑或消极的（public bads），单个或多个行为体都不能完全享受其收益或承担成本。这一类全球问题的典型代表如气候变迁，温室气体最主要的排放国家，其生产活动对气候变化所造成影响的恶果，将由全世界所有国家承担。

在以上两种情况下，全球问题的解决都依赖于公共物品的供给。对于前者而言，越多的公共物品供给意味着更有力地解决问题，于后者而言，对各种全球问题的外部性的治理离不开诸如国际组织和国际合作等手段，而这些手段本身，也是当今世界所匮乏的中间公共物品。

在全球时代，如何实现全球公共物品的供给，以及处理全球公共物品的收益和成本在不同行为体之间的分配，成为治理全球问题的重要任务。可以说，确保全球化时代趋利避害发展的有效途径就是实现全球公共物品的有效供给，包括对特定问题的多边谈判和多边组织，以及各种资金和技术支持。"是否以及如何实现全球公共物品的供应决定了全球化对人类而言究竟是一次机遇还是一种威胁。"[1] 如果说治理全球问题是全球秩序的目标，全球公共物品的供给就是实现这一目标的重要手段。

---

[1] ［美］英吉·考尔主编，张春波、高静译：《全球化之道》，人民出版社2006年版，第2页。

3. 全球秩序的行为体：国家、全球公民社会与跨国企业

在全球体系中，各类行为体都在特定的议题中发挥着重要作用，但并不是所有的行为体都可被视作全球秩序中的行为主体。我们将全球秩序的主体规约为三类：国家、公民社会与跨国企业。

除三者以外的政府间国际组织可归类为全球秩序中的国家力量，其功能是制度性的全球公共物品，其运转有赖于主权国家的资金支撑，其合法性有赖于国家的认可，甚至其决策也受到主权国家意愿的影响。个人行为体根据其扮演的角色可归类为国家力量或社会力量。美国前总统克林顿到朝鲜的访问，不会有人脱离两国关系看待这种行动。约迪·威廉姆斯（Jody Williams）在互联网上的倡议以及其个人行动推动了国际禁雷运动的发展，在全球范围内创造了公共物品，这种行为的价值导向和跨国性可以将其归类为社会力量的一部分，而禁雷运动的行动也的确需要依靠国际残障组织、人权观察组织和国际医疗组织等公民社会力量。

在全球公共物品的供给过程中，国家是最具行动能力的行为体，同时也是倾向于搭便车的自私者，其是否有足够的意愿和动力（或受到足够的压力和激励）为人类共同体的整体利益提供公共物品将直接影响到全球秩序的运转情况。公民社会相对来说价值规范性更加鲜明，进行供给的意愿最强烈，但其行动能力仍有待提高，自身组织机构建设也远不成熟，能否长期坚持维护自身的价值导向以及发展自身的行动能力，将直接影响到全球秩序能否实现其规范目标。商业力量在其中扮演了一个模糊的角色，但是毫无疑问，在行动能力和沟通网络上跨国公司有着自身优势，其面临的问题是如何协调商业理性和公共物品供给之间的张力。

从实践角度出发，全球公共物品供给的重要意义在于它是实

现全球秩序的基石，正如国内社会的治理依赖于公共权威提供公共物品，实现全球治理，在于通过多元行为体合作提供全球公共物品以实现新的全球秩序，促进全球治理的实现。

第三节 跨国公共物品为何供给不足

尽管所有群体都能从全球层面的跨国公共物品的供给中获益，理论家也指出推动集体目标实现的多种路径，但实践中的全球公共物品仍然处于匮乏状态。其原因在于，除传统集体行动理论指出的"搭便车"问题外，跨国公共物品供给还面临着一些独特的障碍。

一、主权原则与公共物品供给

威斯特伐利亚体系确立的主权原则，伴随现代民族国家的兴起在全球范围内蔓延扩展，尤其在第二次世界大战之后，雅尔塔体系再次确认了主权原则作为新的国际秩序的支柱，殖民地独立浪潮之后，地球空间基本为国家的主权疆界所划分。主权意味着主权者拥有对国内事务的最高管辖权和对外的平等权，政府或决策者受到主权原则的保护，因此在主权者不愿意其决策权力受到限制的时候，并没有一个更高的权威可以强迫其改变决策。对于国际合作来说，适当的监督、执行和制裁能力是国际机制稳定发挥效力的保障，但这些机制的成型建立于国家接受的基础上，如果国家拒绝承担义务，或不愿意自己在决策过程中的主权权力受到制约，主权原则将会为决策者提供一个舒适的保护罩，动摇国际合作的基础。以减排为例，公共物品本身属于总和公共物品，国家之间的贡献具有较强的可替代性，这就加强了行为体搭便车的诱惑。此外，具体的供给水平难以从外部观察，因此该项公共物品的供给行动不能仅仅依靠国家在国际论坛上做出的口头承诺，而需要国际组织的监督和评估，以确定减排的实际情况。但是，国家往往以主权为保护伞，或是出于安全和保密的考量，或是对承担国际义务水平的隐瞒，拒绝相应的监督和评估工作。这种主权和国际合作之间的鸿沟给该项公共物品的供给带来了挑战。

二、国内政治周期与公共物品供给

全球公共物品是构建新的全球秩序的基础，在理论上，也是实现集体目标的必经路径，但公共物品所要达成的目标常常是长期、宏观目标，其获益范围不仅是跨越国界的，甚至是跨越世代（generations）的，[1] 这就意味着国家需要权衡在达成公共物品供给这一长期目标和各种短期目标之间的平衡。对于大部分国家来说，领导人的任期通常会被限定在一定时间之内，寻求连任的压力和政党政治在很大程度上左右了决策者对不同政策的偏好。对于政治人物来说，短期目标的投入可以换来更直观的政治回报，而为长期目标进行成本支付的贴现率较高，操作难度更大，回报更具多变性，这就导致决策者更易被短期目标所吸引，而非为跨国公共物品供给这一长期目标付出更多的精力和成本。以流行疾病的防治为例，对病源国的财政和技术援助至关重要，而长期的公共卫生建设援助更是根本，但相应决策需要付出大量的成本，而回报收益周期更长，所以决策者更倾向于将问题的解决之道放在更为短期的防止疾病流入方面，后者虽然同样重要，但对于根

---

[1] Inge Kaul, Isabelle Grunberg and Marc A. Stern, *Global Public Goods: International Cooperation in The 21st Century*, 1999, p. 12.

除这一公共劣品的目标来说远远不够。事实往往是决策者出于对自身政治前途的理性考量，更倾向于在保护本国公民避免受到疾病的直接侵害方面做出努力，而非致力于加强不发达国家的公共卫生建设这一长期目标。

三、发展不平衡与公共物品供给

在全球层面提供跨国公共物品的第三个困境与以上两个困境相关。很多全球风险来自于当今世界上最不发达国家，如公共卫生基础的落后造成的传染病流行，或贫困问题造成的恐怖主义土壤。而这些公共劣品的来源往往是最缺乏应对措施的国家和地区，即所谓的"最弱环节"。瑞典经济学家林达尔提出的"林达尔均衡"被视为衡量能否实现公共物品充分供给的标准，该理论强调每一消费者按照其边际收益来承担公共物品成本。然而，最弱环节对公共物品的需求最为强烈，同时也最缺乏相应的供给能力，如果强求个体按照经济学的理论来承担与其边际收益相应的成本，则会增加贫穷者的财政负担，很多情况下这种财政要求超越了最弱环节的承担能力，从而造成公共物品供给的缺失。该种情况下，全球公共物品的供给需要发达国家的援助，但是全球公共物品供给的前两个困境强化了该种情况下全球合作的困难。一方面，如果最不发达国家的治理能力得不到提高，那对于援助国来说所付出的公共物品成本不一定能得到回报，隐藏在主权保护罩之下的失败政府通常伴随治理效率和治理能力的低下，如果援助被腐败所吞噬而非用于加强基础设施建设，则公共物品的生产对于发达国家来说是不公平的；另一方面，如果发达国家的决策者出于谨慎和对短期目标的侧重，专注于防止负面外部性在国内的扩散，放弃对外援助的责任，将供给的重担抛给最不发达国家，则有可能强化贫者愈贫富者愈富的不公平状态，并最终无法应对负面外部性的扩散。

四、不确定性与公共物品供给

信息的匮乏和不完整是市场失灵的重要原因，在全球层面，这种信息不对称对全球集体行动以及跨国公共物品供给带来的负面影响更为严重。一方面，主权原则和国家边界限制了信息的自由流动，而搭便车的冲动又限制了国家表露出自己的支付意愿，在对对方偏好不了解的情况下，合作极易陷入囚徒困境的博弈结构之中，从而阻碍集体目标的实现。另一方面，特别是全球时代，不对称信息对决策的影响得到了强化，全球问题本身具有的全面性和学科交叉性增加了获取这些议题确定信息的难度，特别当吉登斯所谓的"专家系统"[①]也无法对特定议题的发展前景以及决策效果给出确定答案的时候，决策者采取措施、支付公共物品供给成本的意愿就会降低，公共物品供给也会受到阻碍。比如在气候变暖问题上，当科学界对于诸如气候变化是否正在发生、人类行为是否应为气候变化承担责任以及气候变化是否会对成为一种可怕的全球风险仍然存在争论的时候，国际社会很难在该问题上达成一致意见，更遑论支付公共物品的成本，达成集体行动。换句话说，也正是随着人类社会认知能力的进步，在地球物理、气候气象以及社会经济学方面的确定信息的增加，使得国际社会达成一致并采取行动的可能性增加。

总之，跨国公共物品供给的困难除传统集体行动理论所指出的搭便车倾向外，还面临着主权原则、国内政治周期、国际社会

[①] [英]安东尼·吉登斯著，田禾译：《现代性的后果》，译林出版社2011年版。

发展不平等以及由信息不对称带来的不确定性等国际社会所特有的集体行动的困境。这些困境的根源在于人类共同体的制度建设与跨国公共物品的需要之间的鸿沟，在遥不可及的世界政府出现之前，跨国公共物品的供给将始终受到这条鸿沟的制约。而本书的目的，则在于探讨在这条鸿沟给定的前提下，是否能够找出公共物品供给的路径，这条路径显然不仅是经济学的命题，更是国际关系和全球治理的命题，这就需要从国家实践经验出发，通过对出现过的供给实践的分析，尝试着从政治学的角度找出推动公共物品得到供给的动力。

第四节　跨国公共物品供给与国家

跨国公共物品至关重要，同时又面临重大挑战，在一个拥有公共权威的世界政府出现之前，跨国公共物品的供给主要依赖于民族国家的政策选择，一方面民族国家具备供给的能力；另一方面，当条件具备的时候，国家会有供给的意愿。

一、国家供给的能力

主权原则一方面削弱了国家供给跨国公共物品的意愿，另一方面又赋予了国家进行供给的能力。赫德利·布尔指出，"事实上，国家主权的思想源于历史上有关特定领地和民众属于统治者的财产和世袭家产的观念"。[①] 早期对主权概念的系统论述中，都带有对特定对象，如领土、人民和财产等的产权私有化的强烈

[①] ［英］赫德利·布尔著，张小明译：《无政府社会》，世界知识出版社2003年版，第15页。

意味。布丹（Jean Bodin）就认为国家主权具有绝对性、永久性、不可让渡性、不可分割性和不可侵犯性，是君主在统治范围内所拥有的至高无上的绝对权力。①卢梭和洛克虽然提出了议会主权说和人民主权说，但他们认为无论主权的所有者是谁，主权都是绝对的排他的权力。这种绝对的排他的主权在《威斯特伐利亚合约》中得到了强化，"一个主权国家必须具备对本国政治、经济和领土的自主管辖权"，②并在实践中成为现代民族国家间交往关系的基本准则。

由于主权的实质是对特定范围内领土、人口和财产等资源的绝对的产权私有化占有，这就意味着主权国家垄断了特定范围内的各种资源，随着主权原则在全球范围内的扩展，主权国家就实现了对全球资源的垄断（全球公域暂时除外）。从这个意义上说，国家行为体拥有超越其他所有行为体之上的能力，以进行各种跨国公共物品的供给。此外，国家的实力越强，在为跨国公共物品进行融资的时候，管理经验就更为丰富、技术工具也更为多元，因此在国际社会中，国家，特别是大国，在跨国公共物品供给方面拥有超越其他行为体的支付能力。

二、国家提供跨国公共物品的模式

但在处于无政府状态下的国际社会中，国家的供给意愿因搭便车策略的诱惑，而受到冲击。可是国际关系的实践中却并不缺乏国家供给的案例，从帝国时代的罗马帝国、阿拉伯帝国和中华

---

① 俞可平：《论全球化与国家主权》，《马克思主义与现实》2004年第1期，第4页。

② 吴惕安、俞可平：《当代西方国家理论评析》，陕西人民出版社1994年版，第314页。

帝国，以至现代的不列颠治下的和平（Pax Britannica）和美利坚治下的和平（Pax Americana），从国际贸易、金融机构到联合国，从臭氧层防治到削减军备，每一项跨越国界的公共物品的供给都依赖于国家的外交决策。这意味着国家不仅具有供给的能力，在某些情况下也具备供给的意愿。无论是政治经济学还是社会学的公共物品，尽管在外部性所涉范围上不同，在不同环境下对不同领域的供给也有不同要求，但所有公共物品在本质属性上相同，即具备消费的非排他性和非竞争性。在分析国家提供跨国公共物品的时候，不妨与公民提供国内公共物品的情况进行比较，理解供给者可能选择的供给方式。

以国防这项重要的国内公共物品为例，国防力量有赖于适龄青年构成的兵源，当适龄公民选择成为国防力量一份子的时候，其就成为公共物品的供给者。在不同国家，不同社会和不同的成长经历以及个人特质都将会影响到公民进行供给的方式。一般来说，各国都会规定适龄人员具有参军的义务，但在不同国家或不同时期，对个体供给的方式存在诸多不同。以美国为例，受到越战时期反战运动的影响，美国当前的募兵方式主要依靠志愿兵役制，即在不使用强制力的情况下通过优惠政策等方式吸引兵源，对于美国适龄青年来说，其可以根据个人生涯发展规划，在对不同职业生涯进行比较的前提下选择承担这项义务，为提供公共物品支付成本；而在韩国、以色列等国，适龄青年必须承担起国防义务，全民兵役制对于韩国和以色列的适龄青年来说，意味着对公共物品的供给是一种不可逃避的义务，无论其意愿如何，都面临着以国家机器为保障的强制力，对有其他职业生涯规划的个人来说，公共物品的供给表现为一种被动的反应。当今世界大部分国家，兵役制大都采用义务兵和志愿兵相结合的方式，在采用志愿兵役制的国家,选择承担公共物品供给是一种个人理想的实现,是一种主动的积极的行为。在我国,地方高校在读大学生保留学籍应征参军入伍政策施行以来,涌现了大量投笔从戎的参军青年,为实现理想或被军事职业生涯所吸引而做出个人选择。另一方面,当适龄青年并未被该生涯所吸引时,征兵部门也会通过教育等方式说服个体履行义务。除了以上有意识的个人选择外,个体还往往因为自身的特质、行为对国防产生无意识的供给,比如缴纳税款的情况、对国防知识的了解情况以及是否拥有更健康的体魄等,都会对国防事业产生潜在的影响。以国防这件国内公共物品为例,可以发现个体对整体供给的不同动力模式,有时表现为一种理性的选择,有时表现为一种被强制承担的义务,有时表现为实现一种积极的理想,有时是因为被说服,有时则是无意识的供给。

对于跨国公共物品来说,国家供给同样面临着以上几种情况。尽管并不存在类似于民族主义或爱国主义那样的情节,但国家同样会因为意识形态的偏好,为某种目标着迷并进行供给;尽管没有国内政府那样的强制力或社会教育部门的说服,国家同样会受到来自外界的影响而被迫进行供给,或被说服进行供给。此外,与国内公共物品供给完全相似的是,国家总会根据自身对利益的衡量,加以理性的分析并进行供给,或在自己没有意识到的情况下,因为自身的特质进行无意识的供给。具体来说,国家提供跨国公共物品包括五种模式:

第一,积极—主动供给。积极—主动供给表现为被公共目标所吸引从而承担支付义务。之所以将其称为积极,是指供给动机并非来自理性的计算,对于狭义的短期目标来说,有时甚至是一种得不偿失的行为。主动意在未受到外力压力或推动力的情况下的独立决策，其决策程序仅包含国内的决策过程。该种供给方式的特点带有明显的单边主义特征，有时甚至是一种狂热，根源往往在于行为体特定时期的意识形态超越国家理性主导该国外交选择。从结果来看，积极主动供给是一种利他的外交决策，有时甚至会伤害到本国利益，而即使是利他的，也并非是出于对他者的关怀，而是自我的实现，且不具备持久性。

第二，消极—主动供给。同第一种供给方式一样，此种供给方式决策程序主要源自国家内部，基本不受外界影响。所不同之处在于消极—主动供给缺少利他主义的倾向，反映着国家理性，是决策者对成本/收益进行考量后的外交决策。从历史上看，由国家主动进行的公共物品供给大部分都可归类为这一范畴，最典型的是霸权国为维系特定的国际秩序而支付的公共物品，并多为研究者作为"霸权稳定论"的经验基础加以论述。该种供给方式的特点是，利己的、理性的和稳定的。决定一个国家是否采取该种外交选择的重要原因取决于特定跨国公共物品供给的博弈框架和供给环境，如果将国家视作一个稳定的理性行为体，那么不同的供给方式区分的公共物品，将会对国家是否采取该种方式进行供给产生重要影响。

第三，积极—被动供给。与前两种供给方式不同，第三和第四种供给方式都可依据供给过程的主动—被动向度划分在被动的一端。被动供给指国家在对跨国公共物品供给时，决策过程并不独立，而是受到来自外部力量的推动。积极—被动供给，指的是被说服以进行妥协和合作，即在没有外力的情况下，国家不会采取措施承担相应的国际义务，但在与其他行为体的互动过程中，国家将外部的偏好转化为内部的外交决策，从而进行跨国公共物品的供给。该种供给方式的特征是稳定的、合作的、关系性的。

第四，消极—被动供给。该种供给方式同样反映了不独立的决策过程，是一种被动反应的结果。消极在此处强调"被强制"，即外部偏好并未被内部化，也未能取得国家的认同，但在"大棒"与"胡萝卜"的作用下，国家被强迫进行的公共物品供给。造成消极—被动供给的原因往往是外部力量的行事方式和实力对比，是现实主义的权力政治的结果。该种供给方式的稳定程度弱于积极—被动，一旦权力结构发生变迁，国家会倾向于寻求政策改变。

第五，无意识供给。最后但并不是最不重要的，与前四种供给方式都不同的是，无意识供给与国家决策并没有直接关系，并不是一种国家意志的结果，而是由于特定国家在特定时期的特质，包括治理能力和治理体系，造成的外部性等。由于现有研究主要关照国家政策对公共物品供给的影响，无意识供给受到的关注相对较少，但在现实中，无意识供给常常给国家间关系以及全球治理造成重大影响，也正因其并非国家决策的直接结果，缺少相应的政策解释和可控性，规范、控制这种外部性也面临更多的挑战。

第三章

国家在提供跨国公共物品中的主动行为

> 问问人民；问问士兵；为何要挺身而起？为何要走上战场？如此所为何来？他们将众口一词地答以为侍奉基督，也为解放受压迫之兄弟。我国应监督其相互和谐，保护其自由独立，即便与全欧为敌亦在所不惜。
>
> ——费奥多尔·陀思妥耶夫斯基（Fyodor Dostoevsky）

> 保持优势地位当然是美国的国家利益，但一个全面和富有有远见的国家利益概念，也应当包括全球利益。
>
> ——约瑟夫·奈（Joseph Nye）

本章旨在描述国家提供跨国公共物品的主动行为。从决策进程角度看，国家的主动供给行动是在不受外力影响的情况下进行的主动外交选择。本章首先界定两种主动供给行动的定义，并描述其特征。第二节和第三节分别聚焦于积极—主动供给和消极—主动供给，寻找塑造两种供给行动的动力因素，并分别以中国对外援助和世界银行投票权的规则设定为案例，用国际关系中的实践还原此类跨国公共物品供给行为。

「国家提供跨国公共物品的动力分析」

第一节 │ 主动供给的表现和特征 │

2014年夏天，第二十届世界杯足球赛在巴西举行，这场全球瞩目的体育盛会将足球运动员、球迷以及体育媒体等不同职业从业者聚集在一起，在短时间内向观众展示了一系列精彩的赛事。在这些赛事举办过程中，细心的观察者能够在不同群体中发现其中所蕴含的多样化的集体行动的逻辑，不同行为体采取了不同的策略，受到不同因素的影响，创造并提供了公共物品。在开始本章的探讨之前，我们用一小段文字观察一下世界杯上两类不同群体对公共物品的供给方式，虽然球迷和球员都在主动进行公共物品的供给，但其背后的动力因素和体现出来的供给特征是不同的，这些不同的特质和原因也可以在国家提供跨国公共物品中找到对应的表现。

在激烈的比赛过程中，在座位观战的球迷与场上的运动员相映成趣，狂热的球迷会在精彩的比赛过程中整场不停歇地为运动员呐喊、助威，当比赛进行得相对平缓的时候，球迷会自发组成人浪等方式表达自己的情感。球迷的活动是一种蔚为壮观的集体行动，呐喊的分贝、统一的着装、壮观的人浪以及被这些要素共同塑造出的热情的气氛属于公共物品，对于个体球迷来说，如果选择降低呐喊分贝，节省购买球衣的消费，或者不去做人浪，在数万人的球场中整体的效果不会受到明显影响，也不用担心受到责罚，甚至不用担心更轻度的排斥，因为集体关注点聚焦于赛场，尽管如此，球迷绝少成为搭便车者。

另一方面，场上的运动员也在提供着公共物品，锦标赛冠军的荣誉、赛场上的胜利是一件可以为整支球队、球迷甚至国家所分享的喜悦，精彩的比赛通过卫星电视的转播为全世界的观众所分享。然而，作为该项公共物品最主要创造者的球员，并不会像球迷那样仅凭着热情在场上拼搏，如果没有必要的奖励机制保证球员从中获益，或奖励机制不公平，精彩的比赛以及由此外溢的公共物品将会遇到困难。喀麦隆国家队的表现是一个典型代表，由于喀麦隆足协拖欠球员奖金，引发运动员的强烈不满，并以罢赛相威胁。该国足协与运动员在奖金分配上的分歧，直接影响到公共物品的供给，而该队实际的表现也相当糟糕。① 对于球迷来说，积极—主动供给来源于激情，对足球运动的热爱，球迷会出于热情，而不屑于做一个搭便车者。对于球员来说，消极—主动供给与个人得失有紧密关系，个人收益的变化会影响到公共物品的供给。尽管这两种供给方式都属于主动行为，但二者的动机、特征却存在明显不同。

一、积极—主动供给及其特征

红衣主教黎塞留、狡猾多变的塔列朗、"一国建成社会主义"的斯大林以及慕尼黑会议中的大国领导人，以上这些"大外交"时代的代表人物和标志性事件为国际关系研究者所津津乐道。国际关系史上的风云人物是现实主义作家笔下的主流代表，国家至上、损人利己、强权政治、玩弄均势被奉为现实主义的圭臬。马基雅维利、霍布斯的思想成为观察者思考国际关系的透镜，然而棱镜所折射的光总有与现实相左之处，即使认可现实主义的诸多假设前提，如无政府状态、国家是自私的寻求"权力界定的利

---

① 在第20届世界杯决赛圈的比赛中，喀麦隆国家队首先曝出该国足协欠薪事件引起球员不满，随后喀麦隆国家队以三场全负的成绩被淘汰出局，此后又爆出该国运动员参与假球事件。

益"或相对安全,国际关系的历史也并不仅仅意味着只有私人物品才会受到重视,甚至在私人物品对国家利益的重要性远甚于公共物品的时候,我们也能发现大量国家主动提供公共物品的经验。与黎塞留、塔列朗、斯大林相伴随的是拿破仑、威尔逊和毛泽东;与理性国家相伴随的还有热情的、国际主义的、被集体目标所吸引而做出积极主动供给的行为体,即便该种外交选择有时与国家理性相悖,甚至在一定时期内对国家利益造成伤害。

积极—主动供给的公共物品指国家在没有受到外力的情况下主动做出的"非理性"供给行为,行为体被供给行为本身所吸引,而非建立在对国家利益的理性分析的基础上。其表现出如下特征:

首先,该种供给行动是单边的。跨国公共物品的研究经常与合作研究相挂钩,是合作研究的重要内容。在很多跨国公共物品领域,跨越国界与多元行为体的合作是必不可少的。没有多元行为体之间的协商与合作,公共物品的供给水平、供给责任和范围都无法得到保障。英吉·考尔直接将全球公共物品的供给视为21世纪国际合作的内涵。① 合作被视为参与各方都须付出成本的政策调整,② 需要国家间合作进行供给的公共物品往往依赖于国际协议,或成立相应的组织机构等方式加以保障。然而合作并非是积极—主动供给的主要特征,事实是它经常表现出单边主义的倾向,不仅其决策过程是独立的,而且较少顾及外部影响。积极

---

① 在联合国开发计划署研究中心1999年出版的报告中,标题即为《全球公共物品:21世纪的国际合作》,参见 Inge Kaul, Isabelle Grunberg and Marc A. Stern, *Global Public Goods: International Cooperation in The 21st Century*, Oxford: Oxford University Press, 1999.

② [美]罗伯特·基欧汉著,苏长和、信强、何曜译:《霸权之后:世界政治经济中的合作与纷争》,上海人民出版社2006年版。

「第三章 国家在提供跨国公共物品中的主动行为」

一主动供给跨国公共物品，虽然会创造出外部性，但这种外部性主要源于行为体自我的表达。是被供给行为本身所吸引，在该种情况下，无论其他国家是否会采取相应的政策调整，供给国都会选择进行供给。这种情形常见于处于宗教或意识形态狂热状态下的国家，尤其是在不同意识形态尖锐对立的国际格局下，处于狂热状态下的国家通常热衷于宗教和意识形态宣传，这种外交政策有时表现为正面外部性（如多领域无条件的对外援助），有时表现为负面的外部性（如对他国政策的干预），即使这种狂热的主动行动可能会招致其他国家的抵触，甚至引起外交纠葛，积极主动的行为也不会停止，直到行为体自身的供给热情趋冷。积极—主动供给是单边的，其国家偏好为 CC > CD > DC > DD，即无论其他国家如何选择，供给国都会倾向做出供给。

其次，积极—主动供给带有非理性的乌托邦色彩。如果国际关系可以像自然科学那样被置于实验室中加以观察和反复操作，国际关系的历史将与已经发生的历史产生重大的偏差；如果决策者拥有类似于决定论者所设想的拉普拉斯妖（Démon de Laplace），[1] 我们今天将不会看到中国在 20 世纪六七十年代出现的不惜牺牲本国利益而进行的对外援助和意识形态输出。[2] 正是这种绝对理性的缺失，才在国际关系历史上出现了积极—主动供给的外交行为。该种供给方式表现为供给者被供给行动本身所吸引，它与特定国家在特定时期的意识形态、身份认知紧密相

---

[1] "拉普拉斯妖"通常用来指决定论者拉普拉斯（Laplace）所设想的"智者"，"智者"知道宇宙中每个原子确切的位置和动量，能够使用牛顿定律来展现宇宙事件的整个过程，过去以及未来。参见 De Laplace, *Essai Philosophique Sur Les Probabilitis*, Biblio Life：2010。

[2] 关于革命国家的对外援助能否视为公共物品仍有争论，但不可否认的是，该种状态下的国家决策造成了大量的外部性，并对供给国和国际局势带来重大影响。

「国家提供跨国公共物品的动力分析」

关，一旦特定的公共物品与国家特定时期的意识形态、身份认知擦出火花，理性就会让位于激情，促使行为体做出供给。积极—主动供给指向与国家理性相悖的外交决策，威尔逊主义的失败往往被视作乌托邦主义不可成功的经典教案，但国际关系史中并不缺少该类供给的实践经验，其中最典型的是处于意识形态狂热时期的国际革命输出国。这些国家往往为了乌托邦色彩的革命目标，创造出大量的外部性，有时甚至以牺牲本国利益为代价。没有一个国际关系理论学者可以完全预测国际现实的走向，以理性主义为标尺的理论解释与现实中出现的利他的、自我牺牲的国家决策相冲突，在这一类供给中，不管革命目标实现与否，外交行为都与对国家利益的理性计算相左，并对国际关系造成重大影响。

最后，该种方式提供的跨国公共物品持续时间较短。一国承担的供给水平受到该国物质基础的限制和观念的制约，前者主要指国家实力，后者包括其自身的国际定位和供给热情，而以上要素都无法支持长期的非理性单边供给。从物质基础上看，此类供给方式意味着由供给国为公共物品支付成本，进行融资生产，而公共物品的外部性导致其投资不能像私人物品那样获得相应回报，而对其他行为体的参与抱持漠视态度，使得供给国往往成为唯一的公共物品成本承担者。这种供给方式是不经济的，由单一国家提供为外部环境所共享的公共物品，即使在外部世界确有需求的前提下，也以不断加深供给国的成本为依托，这种与帕累托原则背道而驰的做法，效率低下且终将造成国家实力的透支。国际政治经济学研究者的一个经典命题是，霸权国在维系一种秩序、承担成本的同时面临边际收益递减的挑战，这种不断增加的成本腐蚀了霸权国的地位,从而引发秩序的崩溃。① 这种霸权国的崩溃还是在理性范式内的预期,而主动—积极供给往往缺乏一种理性的计算,甚至直接以利他为目标,供给者的负担更为严重,从而难以为继。

此外,积极—主动供给的单边主义倾向削弱了这种供给的持久性。单边主义供给者意味着较少考虑接受者的需求,忽视供给可能带来的长期影响,而主要沉浸于供给者的自我实现之中。在国际关系实践中,恐怕再没有比拿破仑及其领导的法兰西帝国更能感受这种主动供给国际公共物品却又反受其拖累的矛盾与张力。一个饱含革命热情的领导人及其意在传播革命的国家,一方面慷慨地对其他国家施以物质上的援助,不遗余力地推广革命思想;而另一方面,其撒播的独立、革命思想又反过来成为供给国实现革命目标的阻力,对外物质援助不断削弱着帝国的国力,尽管其外交决策包含积极—主动的内涵,然而单边主义的做法忽略了其他国家的真实需求。一个国家无力在二者之间维持平衡,国家的崩溃成为该种外交政策失败最极端的表现。最后,该种供给方式的乌托邦色彩也缩短了其寿命,一个国家的观念总是处于不断变化的过程中,当物质基础、外交互动都在对该种外交决策产生抑制作用的时候,支撑起的观念也难以长久,最积极主动的供给方式背后潜藏着最热烈的激情,但最热烈的激情也最易消散,并最终为理性所替代。正如单个经营者难以改变市场价格一样,最富激情的国家也终要在国际体系中求取生存发展,一旦热情消散,随即而来的是对公共物品供给的重新审视。

当然,在某些情况下,仅由一个国家提供公共物品的供给成

---

① [美]罗伯特·吉尔平著,宋新宁、杜建平译:《世界政治中的战争与变革》,上海人民出版社2007年版。

「国家提供跨国公共物品的动力分析」

本,而该国依然可以获益,即最佳表现类公共物品。但是最佳表现并不必然意味着公共物品供给的决策可以不考虑其他行为体的单边乌托邦主义是解决问题的良药,最简单的理论模型成为实际决策时,必将综合考量其他外交因素的影响。比如,在"9·11"事件发生之后,基地组织的极端暴行激起了美国的强烈反弹,布什政府立即着手谋划全球反恐行动。事件发生伊始,美国曾获得了空前的国际同情和支持,世界各国政府,无论美国的盟友或竞争对手,无论先前在经济、安全、意识形态等领域与美国存在多少分歧,在"9·11"事件发生后都表示对极端暴恐行为的强烈谴责,并且纷纷发表声明,愿意在防范和打击恐怖主义方面加强国际合作与协调。即使当美国的单边主义倾向走向极端、霸权行径不断升级走向失控的时候,当政时期与美国摩擦不断的前德国总理赫尔穆特·施密特(Helmut Schmidt)在著作中仍然写道:"大家只要想一想,如果'基地'组织袭击的不是五角大楼和世贸中心,而是法兰克福银行区、埃菲尔铁塔、克里姆林宫或者北京故宫,那么在我们国家、法国、俄罗斯或中国不是也会歇斯底里大发作吗?我们各国政府不是也会号召竭尽全力进行抵抗吗?"[①]

打击恐怖主义本质上是在提供一件至关重要的全球公共物品,暴力恐怖行为的恶行跨越国界蔓延在国际社会,所有文明国家及其公民的人身财产安全皆受到威胁,而由其恶行造成的负面外部性,如对全球秩序、经济发展等福利造成的消极影响纵横交错在国家行政区划之上,对恐怖主义的打击也很难指望疲于应对国内事务或国力有限的小国完成。然而,小布什及其保守内阁在

[①] [德] 赫尔穆特·施密特著,梅兆荣等译:《未来列强:明日世界的赢家与输家》,世界知识出版社2005年版,第40页。

「第三章　国家在提供跨国公共物品中的主动行为」

"9·11"事件后主导的全球反恐行动,与其说是基于国家利益考量做出的审慎的外交决策,更像是受到刺激的"利维坦"的暴怒,并迅速向单边主义和黩武主义方向坠落,从而将国际社会的同情和支持转化为对美国霸权行径的厌恶和反感。"9·11"事件后美国迅速剑指阿富汗塔利班政权,2003年在缺乏有说服力证据的情况下,不顾国际社会的普遍反对悍然出兵伊拉克,蔓延的战火涂炭了伊拉克上百万人的生命和生活。在花费上万亿美元,牺牲数千军人,以及上百万平民流离失所后,国际社会得到一个被战争肆虐摧残的伊拉克。与此同时,各类名目的恐怖组织层出不穷,暴力恐怖事件在数量和范围上不断蔓延。同时,布什主导的反恐行动也加速了共和党在国内的失势,当美国政权完成轮替后,民主党政府迅速收缩反恐战线,更改了布什的反恐战略。

二、消极—主动供给及其特征

与上一种供给方式不同,消极—主动供给是国家提供公共物品的常态。如果国家没有选择成为搭便车者,没有受到外力的压迫或激励,消极—主动供给将成为跨越国界进行公共物品供给最为常见的方式,国际关系史上的霸权国对特定国际秩序的维系和支撑,是这一类供给行为的典型代表,并常见于被研究者以"霸权稳定论"的经验基础加以讨论。[①] 国际关系并非如老子式的"老死不相往来"的状态,国家间的交往也并不仅仅是霍布斯式

---

① 关于国家通过支付全球公共物品以谋求"霸权稳定"的讨论可参见奥尔森和金德尔伯格等人的作品,Mancur Olson "Increasing the Incentives for International Corporation", *International Ognization*, Vol. 25, No. 4. 1971;[美] 查尔斯·金德尔伯格著,宋承先译,《1929—1939年世界经济萧条》,上海译文出版社1986年版。

「国家提供跨国公共物品的动力分析」

的征战杀伐,国际关系行为体极低的死亡率,意味着合作在历史和现实中都是国际关系的重要内容。对集体目标的追求促使国家进行承担义务的合作,支付公共物品成本是合作的基础条件,如果支付成本符合预期收益,国家会与搭便车政策分手。之所以称之为消极的行为,是指这种条件下的支付以理性计算为基础,以国家收益成本分析为考量,而较少有利他的理想主义色彩。与上一种供给方式相对应,该种供给方式主要表现为如下特征:

首先,该种方式提供的公共物品反映了国家理性,是国家对成本收益计算的结果。霸权国提供国际公共物品并非如积极—主动供给类型那样出于意识形态的狂热或利他主义,能够从支付的成本中获取符合霸权国预期的回报才是供给行为的真正动机。[1] 尽管机械主义的理性主义在国际关系研究中受到诸多批评和挑战,但即使放宽对绝对理性的假设,认可国家对利益的认知受到观念、互动以及各种进程的影响,但其决策结果一定至少是为国家所认可且符合本国利益,即为公共物品进行的投资所获得的回报大于为此支付的成本。出于理性计算的考量,国家会对特定公共物品所处的博弈环境、公共性结构进行评估。传统公共物品分类法中的汇总方法和考尔的公共性三角结构即建立在理性国家的前提下,当决策者面对成本可替代的总和类公共物品时更倾向于搭便车,而且当公共物品的种类是最优表现时,对收益的预期将会促使国家采取供给行为。同样,当公共性三角结构趋于等边三角形时,国家也更易认可承担义务,当消费公共性和决策公共性出现偏差的时候,国家将会对自身能否获得充足的收益或决策权

---

[1] Robert Gilpin, "The Rise of American Hegemony", in Patrick Karl O'Brien and Armand Clesse, eds., *Two Hegemonies: Britain1845 – 1914 and the United States 1941 – 2001*, Ash gate Press 2002, pp. 166 – 167.

进行评估,供给行为也会更加谨慎。国家对公共物品的理性考量将决定是否会做出供给行为,而获益的变化将决定国家供给的时间和程度。消极—主动提供跨越国界的公共物品,取决于国家间能否寻求共同利益,以及对实现这些共同利益的方式的认知。尽管在全球化时代,人类共同体面临着共同命运和共同挑战,但为应对共同挑战所进行的制度安排、国家互动能否让参与其中的国家兼顾自身利益,而非单纯的利他行为,将会决定大部分公共物品能否持续稳定地得到供给。

其次,消极—主动供给是多边的、合作主义的。当霸权国为维系全球秩序而提供公共物品时,该公共物品一定能为秩序的参与者所接受、分享,有时甚至是分担。美国在二战之后为复兴欧洲所做的努力,建立在欧洲各国对美国力量的需要和接纳的基础之上,而不仅是美国内部的需要。此外,这种多边合作不仅体现在传统多边外交涉及的外部行为体,也包括国内不同部门之间的合作。国家对某项公共物品进行融资或生产,是国内决策程序和外部谈判博弈过程的综合结果,即双层博弈。由谈判代表协商到背后集团的批准两个层次的过程在国内和国际层面上展开,最后所达成的协议应当是各方协调的结果。[①] 在涉及到不同种类的公共物品供给责任分配时,相应受到影响的国内部门势必尝试影响决策,对于大多数国家来说,不论其具体政体形式如何,都会伴随一套相应的国内利益团体表达和诉求机制,从而影响国家决策。各种特定议题的国际论坛即是这种双层博弈的展示,统合了国内立场的外交人员寻求在国际论坛中选择达成联盟,借助联盟的力量与持不同立场的联盟进行博弈。双层博弈模型在影响国家进行供给

[①] Robert D. Putnam, Nicholas Bayne, *The Seven— Power Summits*. Harvard University Press, 1984. p. 4.

方面的重要性在全球化时代更加凸显，一方面，国家间的相互依存使得单纯的国家利益难以得到清晰的界定，它必须与诸多国内部门进行协调；另一方面，现代化的交通和信息时代的通讯为这种跨越国界的集团之间的交流、协商提供了便利，消极供给的合作导向在全球化时代意味着更复杂的国内、国际谈判形势，而影响供给的原因更加复杂，一致协议的达成需要更多的交易成本。

第三，该类供给方式提供的跨国公共物品可望得到长期稳定供给。基于合作和理性的消极—主动供给与积极—主动供给行为的重大差别是，人们可以对这种供给行为抱有长时段的预期。这种稳定性主要来源于两个方面：其一，多边的供给协议，其保障有赖于相关的国际机制，如国际组织、外交协议和国际法的保障等，功能性的国际机制增加了改变政策的成本和供给的附加获益，国家改变政策的贴现率相对较低，因此政策持续时间更长。在私人物品领域，在市场利润的吸引下，产品可望由生产厂家维持对其的融资和生产工作，只要存在市场需求，就会有生产者不断填补生产和供给的空白。但在市场失灵的跨国公共物品领域，国际机制有助于摆脱国家短期决策的风险，国家选择消极—主动供给公共物品，必会寻求或创设如上国际机制的保障。比如，人类消除疟疾的庞大工程离不开世界卫生组织在智力、人力和资金上的付出，而世界卫生组织的有效运转，也离不开各主权国家对该组织的认可与支持。国际机制用其特有的功能，让国家持续地实现了对全球公共物品的供给，如果没有对该类协议、组织的预期，很难想像奉行国家理性的行为体能够持续地对一项脆弱的公共物品进行供给，国际机制有效地帮助国家降低了背叛行为的贴现率预期，"在政策和行动上一味贪求诡秘和变化多端，其结果可能是有违初衷的，要付出巨大的代价……如果决意为之，只会使一个政府成为其他政府眼里令人讨厌的伙伴……自己行动诡秘以让人不可预测，不但使伙伴不安，也削弱了自己做出可靠承诺的能力"。① 因此，消极—主动供给表现出稳定性和持续性。

其二，消极—主动供给的理性特征，意味着国家有能力且有意愿为实现国家利益进行融资，而作为客体的公共物品，其为国家所带来的收益的变动较小，边际收益递减往往是一个较长的过程。以全球秩序为例，特定的全球秩序安排是为国家所能提供的最为宏观的公共物品，包含对和平和稳定的维持，对发展和进步的保障，其内容涉及国际机制、贸易规则，以及可共享的观念和思想等。关于宏观公共物品供给的经济效率问题，莫德尔斯基、吉尔平等学者早有论述，尽管研究者认为由于霸权国所维系的公共物品的边际收益递减，国际周期的循环规律变化不可避免，但对于霸权国来说，边际收益与成本的此消彼长存在一个较长的周期，如果国家奉行理性原则，那么消极—主动供给行为会在一定时间内保持平稳，寻求与其他行为体的合作以分担维系秩序的成本总会低于改变政策。② 此外，有些公共物品尽管周期较短，比如承办国际盛会，但一旦国家获得了预期收益，那就可以预测该国会对此类供给行动保持较长时间的兴趣。

第二节 积极—主动供给的动力分析

本节旨在分析塑造国家选择积极—主动供给的动力原因，是

---

① ［美］罗伯特·基欧汉著，苏长和、信强、何曜译：《霸权之后：世界经济政治中的合作与纷争》，上海人民出版社2006年版，第15页，第250页。
② ［美］罗伯特·吉尔平著，宋新宁、杜建平译：《世界政治中的战争与变革》，中国人民大学出版社1994年版。

「国家提供跨国公共物品的动力分析」

什么因素推动国家选择这种相对单边的、乌托邦主义的外交选择。影响一个国家是否、如何进行跨国公共物品供给的原因很多，有时是国家实力地位的分配，大国往往比小国承担了更多的公共物品供给，有些公共物品也仅有大国才能承担；有时来自外部的压力或激励，受到强制或诱惑从而选择国际合作；有时则与国家特定文化、观念相关，比如，有着长久捕鲸传统的日本在鲸类保护上所做出的国际努力远不及其对国际金融机制的支持。除了供给者的主体特征外，作为客体的公共物品本身的特质，如供给方式、供给环境和供给机制给供给者所带来的利益实现情况，也都会对公共物品的供给情况造成影响。

这些影响因素中，国家实力对两种主动供给行为不具有可分辨的解释能力，国家实力的相对差距和等级分布将会主要影响到国家间的外交互动，从而对被动供给尤其是消极—被动供给造成影响。由于国家互动的影响主要体现在对外交决策过程不独立的被动供给方式造成影响，对于主动供给来说，会推动行为体进行供给的动力主要来自于国家特定时期的观念状况和公共物品本身的特性。对于积极—主动供给来说，只有考虑到行为体受到的特定观念力量的影响，才能解释这种超越国家理性的外交行为，这种观念力量的典型代表是意识形态的狂热，发生作用的方式是通过塑造国家的国际定位，进而转变为国家的外交选择。

一、观念与公共物品供给

聚焦于积极—主动供给的实践经验，会发现国家只有在特定的强烈的意识形态或观念驱动的情况下才会出现单边的、乌托邦主义的和短期剧烈的供给行为。当理性在国家决策中失灵时，观察的重点自然应当放在对非机械主义因素的考量上。当正处于困难状态中的中国进行大量对外援助时,理解中国的观念、意识形态和特定时期的国家定位就显得特别重要。而要理解为何中世纪的欧洲领主贡献资源以参与十字军东征,也离不开对欧洲决策者的宗教热情的分析。

尽管理想主义被现实主义批评为专注应然忽略实然,并且失去了在理论上的优势地位,但当我们探寻国家进行带有乌托邦主义倾向的积极—主动供给的原因时,理想主义则具有了对实然问题的解释力。观念在理想主义国际思想中占有重要地位,从早期的思想家那里,对世界秩序的设想总带有明显的价值观念倾向,这种倾向要求决策者并不仅仅以利益作为决策的依据,而且常常包含道德或观念上的传播,尽管有时这种为观念传播所驱动的供给行为与理性主义的国家利益计算相违背。儒家思想代表人物孟子提出的"义利观",就明确指出道德优于国家利益的观点,[①]而中华帝国在东亚体系的构建过程中也有所体现,远人不服则修文德以来之,成为古典中国思想家考虑对外关系的一种理想状态。这种理想主义的观念普世存在,在西方,从柏拉图到但丁,追求道德的实现、追求超越利益之上的普世福祉多被提及。近代以来,威尔逊的十四点原则,尤其其中对国联的设计,以至现代西方国家推行的"价值观外交",都很难将其简单地从现实主义的利益角度来解读。这种普世主义的或道德主义的外交理念决不仅仅是理论家的设计,而有可能影响甚至支配决策者的外交选择。

建构主义的兴起在现代国际关系思想中更推动了对理性主义作为唯一解释的反思。亚历山大·温特(Alexander Wendt)的结构

---

① 孟轲:《孟子》,中华书局2006年版。

「国家提供跨国公共物品的动力分析」

建构主义遵循共有观念决定身份—身份决定利益—利益决定行为的逻辑脉络，强调了观念作为内在因素塑造国家行为体偏好和利益认知，并推动外交决策的实践。在温特的理论中，人们完全有理由期许"康德式文化"的出现，在这种共有观念下，"国家必须是真正的朋友，而不仅仅好像朋友一样行事"，国家对待国家利益和外交互动甚至超越了现实主义者的某种妥协观念，即认为国家可以为了利益而展开合作，从而真正地"把自我福祉包含于他者的福祉"之中。① 这样，提供诸如集体安全、应对共同挑战等国际公共物品也就成了应有之义。建构主义采用了完全不同于现实主义的范式描述世界，并且可以填补现实主义理论者所未能填补的理论空白，即为什么国家不总是搭便车者，甚而会不计成本地成为公共物品的供给者，这种供给虽然短暂，但往往对该国、区域造成重大影响。此处应当强调的是，能够对积极—主动供给做出解释的建构主义是一种静态的建构主义，是在共有观念已经形成的状态下，国家根据自我身份的认知做出的外交选择。另一方面，强调过程互动和主体间性的进程建构主义，有助于对积极—被动供给做出解释，更有助于解释国家是如何受到外部影响以进行供给的。

温特的结构建构主义理论虽然设计了不同的共有观念，但对这些观念是如何在个体层面发挥作用，并影响国家外交实践方面着力不足。在综合了建构主义和主流理论的基础之上，戈尔茨坦（Judith Goldstein）和基欧汉（Robert Keohane）也开始将目光转向观念的重要作用，② 并且尝试用实证的方法，将观念作为一个

---

① ［美］亚历山大·温特著，秦亚青译：《国际政治的社会理论》，上海人民出版社2008年版，第296页。
② 参见［美］朱迪斯·戈尔茨坦、［美］罗伯特·基欧汉著，刘东国译：《观念与外交政策：信念、制度与政治变迁》，北京大学出版社2005年版。

可观察可被分析的变量，通过对历史案例的考察，分析观念与外交政策之间的作用。戈尔茨坦等人的贡献，对国家非理性主义机械论式地寻求国家利益的外交决策进行分析提供了帮助，现实中的外交决策很难依靠单一理论或变量进行解释，戈尔茨坦和基欧汉的工作对于观察那些难以迅速判断动力来源的日常决策提供了另一种视角。《观念与外交政策》一书将在理性主义之外的观念要素分为三类：世界观、原则化信念和因果信念。世界观"包含了宇宙论和本体论的观点，也包含了伦理学的观点……是与人们的自我认属概念交织在一起的，唤起深深的情感和忠诚"，[1] 比如世界宗教作为一种世界观，对社会观念和权力组织的熏陶会反映在外交政策上，基于宗教信条所采取的外交独立决策是世界观影响外交决策的典型案例，其强大甚至足以影响世界秩序的构建。原则化信念"包括详细说明区分对与错、正义与非正义标准的规范性观念"。[2] 当某种原则性观念在较大范围内得到普及时，国家会运用国家资源追求对的或正义的目标，放弃错的或非正义的目标，即使单纯从物质上考量会得出截然相反的结果。比如，以人权为核心的价值观外交成为西方国家外交的组成部分，离不开对人权保障这一观念的认可，二战结束以后，人们开始认识到漠视人权的政权有害于国际社会的发展和稳定，一个政权的合法性离不开其对国内人权的保障这一符合正义的价值取向。可在现实中，这种观念性的价值外交有可能会挫伤一个国家的同盟外交，从现实主义的观点看来，意识形态的重要性远逊于国家的安

---

[1] 参见［美］朱迪斯·戈尔茨坦、［美］罗伯特·基欧汉著，刘东国译：《观念与外交政策：信念、制度与政治变迁》，北京大学出版社2005年版，第9页。
[2] 同上书，第10页。

「国家提供跨国公共物品的动力分析」

全利益考量，只要在外交政策上与本国保持一致，即应成为盟友，① 即使同盟政权建立在伤害人权的基础上。然而，这样的观点无法解释 20 世纪 70 年代卡特政府对美洲国家的一系列外交制裁和疏远，尽管阿根廷、智利、乌拉圭等国是美国的传统盟友，但当保障人权的观念在美国获得优势地位时，美国会选择以制裁相威胁，以推进这些国家的人权保障的实现，尽管该种做法有可能伤害到同盟关系。第三种观念为"因果信念"，指关于原因—结果关系的信念，其权威来源于精英达成的共识，并为个体提供如何实现其目标的指南。② 当精英阶层达成了一项共识的时候，社会整体会出于对该共识的信任，相信某项行动导致某种结果，这种信念促使人们结成信念共同体，为了达到某种目标而采取为该信念所指明的行动。比如，民众会相信国家领导人的决策和语录，相信某种国际主义贡献将有助于实现世界革命的目标，并对外部世界积极—主动供给公共物品抱持支持态度；或者在减排领域，削减温室气体排放以缓解全球气候变化的因果关系来自于科学精英，并为政治精英所接受，进一步成为一个国际议题，并督促国家提供减排这项典型的全球公共物品，以换取共同体的长远利益。

戈尔茨坦和基欧汉进一步讨论了观念影响外交决策的路径，包括观念作为路线图，以建构人们对人类生活根本性质的看法，对政策实践和道德选择的看法，"政治行为者所面对的不确定性促使人们依赖于信念作为行动的指南，即使那些观念并不能使整

---

① 参见［美］亨利·基辛格著，顾淑馨、林添贵译：《大外交》，海南出版社 1997 年版。
② 参见［美］朱迪斯·戈尔茨坦、［美］罗伯特·基欧汉著，刘东国译：《观念与外交政策：信念、制度与政治变迁》，北京大学出版社 2005 年版，第 10 页。

个社会受益",① 也就是说，观念可以超越理性，塑造外交偏好。第二条路径是将观念作为粘合剂以推动协调，当外交博弈可能出现多种均衡结果时，观念将会对决策者的选择起到重要作用。第三种路径则是强调观念如何将规则原则化和制度化，以规范国家外交决策。戈尔茨坦和基欧汉将观念对外交政策影响理论化的努力集中体现在观念的后两种作用中，即在一种理性主义或功能主义的视角下观察观念在推动国家外交政策的影响上，而第一种观念路径则更倾向于非理性主义。无论是反思主义对观念建构国家身份的内在因素的决定性的强调，还是理性主义将观念融入理性主义框架之中的尝试，都承认观念对外交政策或强或弱，或是根本性或是辅助性的影响作用。当我们将观点重新聚焦于积极—主动供给时，对经验的考察也会发现这种倾向的外交政策的强弱谱系，有时观念赋予国家强烈的情感动力，让国家做出利他甚至是牺牲自己的供给决策，而有些时候，这种供给的积极性又稍有弱化，但却总能在具体的公共物品领域的供给上发挥作用，让国家做出物质主义分析难以预测的外交决策。

本书认为，积极—主动供给的背后动力是观念的作用，由于观念强弱所造成的被公共物品供给这一目标所吸引程度的高低可归纳为两类。一类是高强度的积极—主动供给，乌托邦主义、单边主义和短期剧烈性极为明显，这时观念起到的作用更具根本性，是意识形态的狂热。另一类积极—主动供给的特征表现并不是那么突出，且往往在特定的议题领域才能得到彰显，即国家定位。

---

① 参见［美］朱迪斯·戈尔茨坦、［美］罗伯特·基欧汉著，刘东国译：《观念与外交政策：信念、制度与政治变迁》，北京大学出版社2005年版，第17页。

二、意识形态与公共物品供给

从广义上讲，意识形态可以是一种宏观的思想观念、体系，是对整个世界、生活、道德观念的认识、解释和评价，它是关于人类、社会及与之相关的宇宙的知识和道德信仰的各种复杂形态。[1] 不同群体由于其所处阶级、集团的不同会产生不同的意识形态，并且对群体的行为方式产生影响。马克思认为，意识形态对经济基础产生反作用，即提供合法性或推翻合法性。[2] 意识形态（ideology）一词表明了其被提出之际的鲜明特征，即关于观念、思想的学科或科学，特拉西（Destutt de Tracy）在18世纪末期创造出该词汇，于风云际会的法国大革命浪潮中正式提出进行观念的教育和变革，并借以改变社会、推动人类社会进步。[3] 特拉西的思想来自洛克和培根，前者认为人类的所有知识都是观念的知识，[4] 后者则提出科学的使命不仅在于扩大人的知识，而且是为了改善地球上人类的生活。[5] 早期意识形态被视作一种关于观念的科学和学科，符合大革命时期强调理性至上，通过人的认识和知识的积累改变现实的理想主义色彩，其内涵中包括应然的倾向，即通过观念塑造现实。这样的观点与理想主义国际关系学者高度契合。

在现代国际关系研究中，意识形态一词却少有这种褒义倾

---

[1] *International Encyclopedia of the Social Sciences*, Vol. 7-8, New York: Macmillan and Free Press, 1972, p.66.
[2] 陈振明、陈炳辉主编：《政治学：概念、理论和方法》，中国社会科学出版社2004年版，第475页。
[3] 王逸舟：《意识形态与国际关系》，《欧洲》1994年第5期，第4页。
[4] 同上，第4页。
[5] 同上，第4页。

向，而往往被视作决策者用来为自己的外交决策进行辩护的工具。尽管宣传中强调各国意识形态立场的正确性，贬低竞争对手的意识形态，但究其本质，都是为了合理化自身的外交政策所采用的鼓动工具，如汉斯·摩根索（Hans Morgenthau）所说"正是政治的本质，迫使政治舞台上的演员利用意识形态来掩饰其行动的直接目标。政治行动的直接目标是权力，而政治权力是支配人们思想和行动的权力"。[①] 对意识形态的工具主义和实用主义观点来自现实政治的经验，在意识形态相互征讨的冷战时期，政客口中的意识形态往往遵循将自己描绘成正义、清白和无辜的形象，而将对手塑造成邪恶的压迫者。在意识形态宣传的背后则是权力政治的博弈，追寻国家利益的行为。这种工具化的思维描述了现实政治的大部分现象与事实，但也仍然存在问题，比如，并没有明晰意识形态与权力政治的因果关系，尽管两者紧密相连，但其隐含的顺序是利益优先，并寻求意识形态合理化的外衣。但建构主义已经向我们解释，国家对利益的界定会受到观念的影响，严肃的观察者不能忽略意识形态界定国家利益这种逻辑关系的可能。马克思唯物史观强调社会意识对社会存在的反作用力，决策者或一个群体的外交选择也正是浸淫在一定的意识形态氛围中。当一个国家处于某种稳定状态时，二者的关系并不明晰，但在意识形态高涨的革命年代，当狂热席卷一个国家时，我们可以清晰地观察出意识形态对外交决策的影响力，此时很难用工具化的观点来解释超常的外交选择，如大量的对外援助、主动放弃权力优势可能带来的利益优势等。工具主义的观点逻辑基于如下结论，即国家利益的变化导致国家追求利益方式的变化，并寻求意

---

① 王逸舟：《意识形态与国际关系》，《欧洲》1994年第5期，第6页。

识形态的合理化解释、宣传。但有时当国家选择积极—主动供给时，其利益的物质基础并未发生改变，却采取了更为激进和极端的外交决策，比如中华人民共和国成立初期，从物质主义的观点来看，其利益应为确保政权安全，发展国民经济，该物质基础在数十年的时间内都没有发生明显变动。然而我们却观察到了大量不计成本的对外援助以及对其他地区革命的支持，而且这种外交决策与物质基础的变化并未表现出一致性，反而是与中国意识形态的起伏变化相关。这种相关性还表现在中国改革开放前三十年与后三十年外交政策的差异，即与思想领域的变化更多的一致性，而非与物质基础的一致性。主动—积极提供国际公共物品在一个国家发生意识形态波动的时候最容易被发现，革命时期的意识形态狂热让法国承接了与现代民族国家体系远不相称的国际义务，冷战时期的两个超级大国也都做出了不少空耗国力的外交决策。当然，意识形态推动的外交行动，有时并不是正面的外部性，而是创造消极的外部效应，比如，第三帝国在社会达尔文主义影响下的对外扩张和种族灭绝行为。总之，当一个国家出现意识形态狂热时，那么观念就不仅仅是解释外交政策的工具，而是成为积极—主动制造外部性的原因。

  积极—主动供给倾向于单边主义，互构的建构主义观念尚不足以解释该种行为，处于意识形态狂热状态中的国家在进行外交决策时，如果不是不考虑其他行为体的感受，也至少是想当然地按照自己的意愿建构他者的形象，并且甘之如饴。很难说这种状态下的国家与其他国家分享了某种共有观念，更多地是沉浸在自己营造的世界观中，并按照自己的想象梳理原则性观念。尽管制度主义者认为自己的工作较建构主义者更符合理性，但其实前者更适合说明观念是如何塑造一种非理性的外交决策。这种伴随着意识形态热情的积极—主动供给公共物品的行为，每当全球或区域秩序发生革命性变革时即会出现，包括民族国家的独立革命浪潮，从拉美的解放到欧洲大陆的民族国家革命，尽管行为体的目标是根据民族自决、民族独立和民族团结原则塑造现代民族国家，但这个今天被视作自私理性的行为体，在其创设之初和扩散蔓延的过程中，包含了浓郁的普世主义情怀。被视为解放者的西蒙·玻利瓦尔（Simon Bolivar）的独立意志志在整个拉美，当行为体认为其所进行的事业正确，而一个新的世界秩序的建立对人类发展而言更重要、更美好的时候，那么世界观和原则性信念将促使他们进行决策，此时，更多的创设外部性就绝非仅满足于自身的利益。20世纪的共产主义革命同样如此，那些为革命热情所驱使的决策者总是充满浓郁的浪漫主义情怀，并不仅因为他们的言语或行事风格，更重要的是其外交行动，即跨越国界的革命、意识形态传播和支援。

三、国际定位与公共物品的供给

相较于意识形态的狂热，另一种观念的影响相对更加缓和，即国家的国际定位。国际定位对国家提供跨国公共物品的影响没有意识形态那样剧烈而短暂，但也驱使国家在进行国际合作、提供跨国公共物品时倾向于非理性选择。尽管大部分时候这些外交政策都以维护国家利益的实现为辩护词，但这些所谓的利益多体现于观念的建构，而非客观的需要。

在国际关系学界，"国际定位"是一个新兴概念，尚未得到国际学术界的普遍认同和使用，[1]但所有国际关系学者和政策制

---

[1] 蔡拓：《当代中国国际定位的若干思考》，《中国社会科学》2010年第5期，第121页。

定者都不可避免会涉及到针对这一概念所包含的内容的思考。譬如国际政治的认知心理学派对国家决策过程的讨论、战略研究者对国家大战略的相关研究。实际上在由美国"国家利益委员会"所制定的《美国国家利益》报告中，关于美国的政府任务和对国家利益重要程度的划分，从某种意义上来说也包含了对美国的国际定位问题的思考。[1] 伴随着中国的迅速崛起和国际关系的深刻变革，在近年的中国学术界掀起了一股对中国国际定位问题的研究热潮。有的学者认为一国的国际定位应该包括"国家实力的现状与评估""与现有国际体系和国际秩序的关系""国家自身的特质与价值追求"和"在对外关系中的潜在优势"四个维度，[2] 有的学者认为这一概念的思考涉及"国家的实力定位""地缘战略定位""国家整体属性定位"和"国际角色定位"。[3] 虽然不同学者的思考各有侧重，但其交集都包含行为体对国际体系的认同程度，对自身实力地位和国际角色的认知程度。如果具体到国际公共物品领域内，一个国家的国际定位也自然包含对特定的公共物品的认知状态。

其实，"国际定位涉及主观选择与客观现实两个层面"，[4] 在跨国公共物品供给领域所涉及到的国际定位的维度，如对自身实力和角色的认知，对国际体系和对公共物品进行管理和分配的国际机制的认知，首先要基于一定的物质基础，但除了物质因素以

---

[1] The Commission on America's National Interests, *America's National Interests*, July 2000.

[2] 蔡拓：《当代中国国际定位的若干思考》，《中国社会科学》2010 年第 5 期，第 121—136 页。

[3] 王缉思：《中国的国际定位问题与"韬光养晦、有所作为"的战略思想》，《国际问题研究》2011 年第 2 期，第 4—9 页。

[4] 蔡拓：《当代中国国际定位的若干思考》，《中国社会科学》2010 年第 5 期，第 122 页。

外，使得国际定位能够对供给态度产生作用的是行为体的主观选择，是一种观念，一种认知。这样的逻辑与强调"观念决定身份——身份决定利益——利益决定行为"的建构主义[1]有相通之处。国际定位显然涉及到物质基础，因为国家在实力分配中的地位是国际定位的重要参考依据，但对这种物质实力的解读则受到对国际体系和特定跨国公共物品领域的观念的影响。某些时候，同样物质基础的国家依据对自身定位和议题领域的不同认识，会出现截然不同的供给选择，或者一个国家的物质基础并未发生实际变化，但由于国际定位的变化，导致对跨国公共物品供给态度的变化。如前所述，需要与拉美后院的国家保持友好关系的美国并未因此放弃对人权价值观的推广，甚至不惜牺牲与这些国家的友好关系为代价，其基础是对自身国际角色的认知和对人权问题的认同。总之，国家对国际体系或特定公共物品的认同度越高，越倾向于积极供给；反之，当这种认知取向趋于消极时，也会阻碍到对国际义务的承担。尽管国际合作更有利于实现国家利益，但观念的滞后限制了理性战略决策的实现。

此外，应当强调的是，国家的国际定位对跨国公共物品供给的影响特别体现在对具体问题领域的认知上，有些国家的传统和历史会对特定议题领域的外交决策造成超越物质主义的影响（有时是被包装为有利于物质主义的"国家利益"），如日本的捕鲸传统让其在海洋生物保护领域受到诸多批评，而欧洲在人权价值观的维护上更愿意投入精力。

---

[1] [美]亚历山大·温特，秦亚青译：《国际政治的社会理论》，上海人民出版社2008年版。

四、案例一：改革开放前的中国对外援助

本案例以改革开放前的中国对外援助为对象，考察观念对国家提供跨国公共物品的推动作用。在这一时期，中国的对外援助并未受到来自外力的直接压迫或推动，是独立的主动行为，而且从数据上可以明显地看出这种外援超越了理性、利己的范畴，从权力分配和制度上都难以对其进行合理的解释，只有考虑到中国特殊时期的特殊情况，才能理解这种外交政策。

自二战结束以来，对外援助呈现出多种形态：以"马歇尔计划"和"莫洛托夫计划"为代表，冷战刚结束后的对外援助与当时两大阵营逐渐形成对峙态势的国际格局相一致，美国和苏联面向各自势力范围内的盟友，签署了一系列经济和贸易协定。这种主要由某大国支付成本的对外援助，在很长一段时间内成为巩固政治联盟和赢得外交支持的手段。20世纪60年代后，随着前殖民地国家纷纷走向独立，并在日后以发展中国家联盟（如77国集团）的形式，在国际舞台上积极争取发展权利，联合国开始关注发展议题，并利用联合国系统机构，包括世界银行、国际货币基金组织等实际推动国际发展援助（International Development Assistance）的展开，作为发达国际集团的代表，经济合作与发展组织（OECD）成员提供的官方发展援助（ODA）成为国际发展援助的主要来源。在冷战结束之后，特别是随着联合国千年发展目标（MDG）的提出，发展是援助的公共性逐渐增长，作为实现政治目标手段的色彩逐渐下降。2000年以来，随着新兴国家的崛起，过去主要由OECD国家主导的发展援助出现了新的变化，新兴国家开始作为援助国，为发展援助提供了大量的资金和技术支持。

「第三章　国家在提供跨国公共物品中的主动行为」

对外援助在不同的发展阶段表现出不同的公共性。在战后出现的由超级大国主导的对外援助，实际上承袭了国际关系史上的外交传统。现实主义观点倾向于将这种援助视为国家实现利益的一种方式，因为历史实践中的对外援助条件包含了大量国家相对获益的考量，其目标往往指向援助国的外交需要，不能与致力于全球治理的国际组织的对外援助要求相提并论。即使以 ODA 为主的国际发展援助，也会经常和一些政治标准和政策调整挂钩，成为援助国对受援国政策影响的工具，从而削弱了其非竞争和非排他的公共属性。

但是，在实践中，对外援助依然带有明显的公共性。对外援助属于典型的"联产品"（joint products），即会同时产生两种或两种以上的结果。这些结果包括对援助国、受援国、受援国周边国家以及国际社会带来的不同影响。只有当援助国从对外援助中获得的收益可以抵消对外援助的所有收益时，对外援助才能称得上是一件私人物品；同样，当援助国完全无法从对外援助中获得收益的时候，对外援助才成为一件纯粹的公共物品。托德·桑德勒用"排他性收益比"（ratio of excludable benefits）来衡量联产品的公共性，当援助者的收益和整体收益比趋近为 1 的时候，对外援助的收益将被援助者排他性的收益所主导；当收益比趋近为 0 的时候，对外援助更接近于提供纯粹公共物品。[①] 在现实中，援助国的排他性收益比在 0 和 1 之间摇摆，受援国所接收到的来自其他国家提供的援助都以正面外部性的形式存在，外部性外溢到受援国周边地区以至国际社会，援助国则以外部性成本承担者的身份进行援助。尽管有时决策者认为其有利益的回报，研究者也多以国

---

① Todd Sandler, *Global Collective Action*, Cambridge University Press, 2004, p. 54.

「国家提供跨国公共物品的动力分析」

家利益的角度解释相关的援助政策，但这并不足以否认对外援助的公共性，正如虽然大国往往出于自利的目的支付维持一个秩序的成本，但并不能因此否定这种行为是在提供一种国际公共物品。特别是当援助国受到意识形态狂热驱动的对外援助，援助产生的收益是不能严格地被援助国以外交获益方式完全内部化的。

具体到改革开放前的中国的对外援助，这种公共性更为明显。由于意识形态的狂热和缺乏系统的规划，中国的对外援助条件有时仅为某些可被更改的外交宣誓（有时甚至连这种外交宣誓都不需要），而非严格的政治条件限制，受援国可以以极低的政治代价换取来自中国的援助，而中国承担的支付成本则超越了国力承担的水平，以利他的方式帮助受援国实现其国内目标。将中国的对外援助置于如下的背景中，更有助于我们对相关外交政策利他性和乌托邦性质的认知，即截至 2004 年以前，中国依然是各类国际援助的净受援国。①

中华人民共和国成立之后，外交战略突出表现向以苏联为首的社会主义阵营一边倒，并接受了来自苏联的大量援助。从国家实力来说，成为一个受援国而非援助国更符合当时中国的国家利益。但除了国家实力的考量之外，作为社会主义阵营的一员，亚洲最大的社会主义国家的身份也塑造了中国作为援助国，以支持亚洲革命运动的认知，换句话说，承担对同盟国的援助义务，成为中华人民共和国成立后对外公共物品支出的重要内容，而非物质实力的考量。中国早期的对外援助也反映了两大阵营尖锐对峙的国际形势，是为联盟利益支付的公共物品成本。这一时期的典型代表是 20 世纪 50

---

① 徐清军：《中国首次成为净援助国》，中华人民共和国商务部网站，参见网址：http://gb.mofcom.gov.cn/aarticle/jmxw/200504/20050400051562.html，上网时间：2015 年 2 月 12 日。

年代的援越抗法和抗美援朝。对前者,中国向盟友提供了大量的物资和人力资源,以支持越南人民的独立运动,1950—1954 年战争期间,中国共向越南累计援助 1.76 亿元的物资;① 在《印度支那停战协定》生效一年之后的 1955 年 7 月,中国和越南签署了两国政府联合公报,该公报中指出:"为了协助越南人民医治长期战争的创伤,恢复和发展国民经济,中华人民共和国政府决定将人民币 8 亿元无偿地赠送给越南民主共和国政府。"② 而同年,中国中央一级的财政支出仅为 201 亿人民币。③ 此外,伴随物资援助的是对越南的优惠贸易,刘少奇对中越贸易的指示可视为这种积极—主动援助的最好注脚,"能得利若干更好,不能得利的生意亦应做,以便借此援助他们",④ "以解决越方经济困难为主要目标。为了达到这个目标,在某些贸易行为中自觉地赔一点钱,也是应该做的。"⑤ 在对后者的援助中,中国直接派出武装力量参加军事行动,付出了重大伤亡代价,并在战争结束后,持续为朝鲜国内建设提供多方面的外交支持与帮助,这些援助基本都以无偿形式进行供给。⑥ 据相关统计,1954 年至 1957 年 4 年内,中国向朝鲜无偿赠送了人民币 8 万亿元,1958—1960 年,中国

---

① 石林主编:《当代中国的对外经济合作》,中国社会科学出版社 1989 年版,第 26 页。
② 刘国光、王刚、沈正乐主编:《1953—1957 年中华人民共和国经济档案资料选编》(综合卷),中国物价出版社 2000 年版,第 927 页。
③ 中华人民共和国统计局"国家数据"数据库,参见网址:http://data.stats.gov.cn/workspace/index? a = q&type = adv&m = hgnd&x = index&y = time&z = region&index = A020102&region = 000000&time = 1950, 1954&selectId = 000000,上网时间:2015 年 1 月 26 日。
④ 中共中央文献研究室:《建国以来刘少奇文稿》第 2 册,中央文献出版社 2005 年版,第 21 页。
⑤ 同上书,第 630 页。
⑥ 刘国光、王刚、沈正乐主编:《1953—1957 年中华人民共和国经济档案资料选编》(综合卷),中国物价出版社 2000 年版,第 925 页。

「国家提供跨国公共物品的动力分析」

与朝鲜签定了3个无息贷款的协定,并利用该款项向朝方提供了用于生产建设和人民生活必需的物资。此外,从1958年至1963年,中国共承担了朝鲜纺织印染厂、水泥纸袋厂、轴承厂、糖厂等29个成套项目。1962年,为了满足朝方建设纺织厂的急需,经朝方同意中国政府决定将刚建成尚未使用的邯郸第三、第五纺织厂的全套设备(包括1.26万枚纱锭、3000台布机的纺织设备及相应的印染设备)拆往朝鲜。[①]中华人民共和国成立早期的对外援助,当然有维护新中国政权安全稳定的考量,但这种稳定寓于联盟利益之中,而由一个新成立的政权为联盟的集体安全目标支付如此巨大的成本,则是"国家利益"难以全面解释的。要理解中国的支付行为,必须与中国当时的国际身份认同相联系,即定位为社会主义阵营中的一员,亚洲最大的社会主义国家。而对外援助的目标超越了国家中心主义的外交考量,则显然包含了重要的国际主义精神。

作为奉行马克思主义的政党,理论上各国共产党是实现世界革命这一共同目标的分散于各国的力量,"工人阶级无祖国"的意识形态中饱含浓厚的国际主义要素。虽然在革命实践中,国际主义与国家利益之间的冲突始终是困扰各国共产党的课题,而各国也尝试在两者之间进行调整,并逐渐向务实的国家主义过渡,但一旦国际局势出现紧张,集体目标的重要性就会上升,对于该联盟中地位较为重要的国家来说,尤其倾向于进行国际主义的外交决策。尽管这种行动也可被国家利益的实现所解释,但这种利益和具体的支付行为,一定要考量到特定行为体对自身利益的观念认知,而非仅仅物质性的国家实力。具体到中国,这种国际主

[①] 石林主编:《当代中国的对外经济合作》,中国社会科学出版社1989年版,第32页。

义精神被视为统一战线理论的国际延伸,国际统一战线指"在国外,联合世界上以平等待我的民族和各国人民,共同奋斗。这就是联合苏联,联合各人民民主国家,联合其他各国的无产阶级和广大人民,结成国际的统一战线"。① 国际统一战线虽然是维护国家利益的工具,但其划分标准是意识形态的,观念的区分在这一时期成为中国选择对外援助的重要标准。同样,也正是意识形态上的差异,导致中苏的分裂,社会主义阵营出现裂痕。尽管传统分析家会着重寻找两国在物质利益方面的分歧,如苏联的大国沙文主义与中国的国家主权之间的矛盾,但最新档案文本解释,执政者意识形态上的分歧,而非客观的构架利益,才是导致两国放弃联盟、走向对抗的重要因素。② 这种分裂超乎了大部分观察家的预测,因为两者在面对共同敌人、维护集体安全方面存在诸多共同利益。此外,两者的分裂也突破了均势政策的解释框架。

由于意识形态之争造成的中苏分裂不仅没有让中国转向更务实的外交决策,反而激发了对外援助的热情,以求通过对统一战线国家的大量对外援助,换取对自身意识形态主张的支持。20世纪50年代中期到60年代末,当中国外交处于"两个拳头打人"时期,中国对外援助对象的范围和援助规模都开始扩大,从早期的亚洲社会主义阵营,开始蔓延至亚非拉广大发展中国家,援助方式也更加多元化。

中国对外援助的单边主义倾向和非理性倾向的表现主要体现在,虽然有重返联合国这样重大的外交胜利,但对外援助换取的回报大多是政策性的,受援国政策调整的风险降低了对外援助的

---

① 毛泽东:《毛泽东选集》第4卷,人民出版社1991年版,第1472页。
② 参见沈志华主编:《中苏关系史纲》,新华出版社2007年版,第三卷"从分裂到对抗(1960—1978)"。

「国家提供跨国公共物品的动力分析」

回报。改革开放前的中国往往会为了一个特定的外交政策而提供远超国力承受范围的援助成本,而受援国并未对双边关系的稳定和长久发展许下承诺。事实上多次出现了受援国以这种变化相威胁以求取更多援助,或者在接受援助后实际改变政策与中国反目成仇的案例。①

20世纪50年代末期开始,随着中国国内左倾冒进思想不断升温,国家对外决策日益受到国家意识形态的影响,将自身视作世界革命的中心。这其中的典型代表如援建坦赞铁路,自1967年开始规划,及至1976年投入运营,中国共向坦桑尼亚和赞比亚两国提供近9.9亿元的无息贷款,以及1.06亿的无偿援助;此外,由于意识形态上的走近,中国开始对阿尔巴尼亚提供大量援助,承担了本由苏联承诺的对阿援助,从1954年至1978年,对阿尔巴尼亚仅货币援助就达到100多亿元人民币,除此之外还包括大量的物资援助、承建项目和人力援助。② 1972年,中国的

---

① 这种对政治条件的低要求、饱含利他的国际主义精神的对外援助鲜明地体现在1964年周恩来提出的对外援助八原则之中:第一,中国政府一贯根据平等互利的原则对外提供援助,从来不把这种援助看作是单方面的赐予,而认为援助是相互的。第二,中国政府在对外提供援助的时候,严格尊重受援国的主权,绝不附带任何条件,绝不要求任何特权。第三,中国政府以无息或者低息贷款的方式提供经济援助,在需要的时候延长还款期限,以尽量减少受援国的负担。第四,中国政府对外提供援助的目的,不是造成受援国对中国的依赖,而是帮助受援国逐步走上自力更生、经济上独立发展的道路。第五,中国政府帮助受援国建设的项目,力求投资少、收效快,使受援国政府能够增加收入,积累资金。第六,中国政府提供自己所能生产的、质量最好的设备和物资,并且根据国际市场的价格议价。如果中国政府所提供的设备和物资不合乎商定的规格和质量,中国政府保证退换。第七,中国政府对外提供任何一种技术援助的时候,保证做到使受援国的人员充分掌握这种技术。第八,中国政府派到受援国帮助进行建设的专家,同受援国自己的专家享受同样的物质待遇,不容许有任何特殊要求和享受。中华人民共和国外交部编:《周恩来外交文选》,中央文献出版社1990年版,第388—389页。

② 王泰平主编:《中华人民共和国外交史1970—1978》,世界知识出版社1999年版,第271页。

对外援助总额已经超越苏联,而当时中国的国民生产总值只有苏联的28%。[①] 1973年,中国对外援助数额创下历史最高纪录,当年对外援助支出达到55.8391亿元人民币,占当年国民生产总值的2.052%。[②] 这一比例远超过今天OECD对成员国提供发展援助的0.7%的指导比例。在付出巨大的成本后,中方所获得的相应回报是很不稳定的,20世纪70年代以后,随着中阿在意识形态上的分歧,阿尔巴尼亚迅速与中方反目成仇。显而易见,在意识形态狂热驱使下的对外援助,与追求和成本相符合的收益的私人物品供给完全相悖,更像是在乌托邦主义指导下的国际正面外部性的创造者。

两个方面的情况变化助长了意识形态对中国对外决策的影响:一方面,随着中国加入联合国,对自身地位的认知出现了变化,国际统一战线的范围扩大,中国在"第三世界"中"革命中心"的地位助长了承担超额的国际义务的观念;另一方面,随着当时国内正常政治秩序的破坏,领导人的个人意志凌驾于正常决策程序之上。1960年后,王稼祥曾针对中国的对外援助提出"根据自己的具体条件,实事求是,量力而行"[③]的观点,被毛泽东批评为"修正主义路线",[④] 表明了其个人意志对推动中国在特殊时期积极—主动的承担国际义务的影响。

中国的对外援助提供的是一件国际公共物品,它服务于世界革命这一最终公共物品,尽管这一目标更多地反映了中国的

---

① Wolfgang Bartke, *China's Economic Aid*, Institute of Asia Studies, 1975, p20.
② 统计数据来源于国家统计局发布的统计数据,1973年中国援外支出达到55.84亿元人民币,同年GNP为2720.9亿元人民币。转引自张郁慧:《中国对外援助研究》,中共中央党校博士学位论文,2006年,第165页。
③ 王稼祥:《王稼祥选集》,人民出版社1989年版,第5页。
④ 薄一波:《若干重大决策与事件的回顾》,中共中央党校出版社1991年版,第1154页。

认知，是一种单方面设计的集体目标。这种对外部世界的供给行为是一种积极—主动行为，并未受到外力的胁迫或推动，是一种独立的决策行为，体现出了高度的"乌托邦主义"情节，决策者被援助行动本身所吸引，认为是对自身观念、意识形态的实现。公共物品供给所获得的回报往往超出理性的计算，当国内政治趋于被意识形态支配时，一种宏大的愿景目标取代了理性的分析。当然，这种供给行动不可能得到长久的支持。伴随改革开放，理性的国家利益的考量取代了意识形态的狂热，由于国家工作重点的转移，使中国逐渐放弃外交中的理想主义而转向务实外交，"文革"时期曾一度被视为外交最高准则的国际主义在中国外交中被逐渐淡化。[1] 更务实的、以成本/收益为考量的供给行为取代了积极—主动供给，"平等互利、讲求实效、形式多样、共同发展"的对外援助四项原则取代了"八项原则"。[2]

---

[1] 张郁慧：《国际主义在中国外交中的变化及原因》，《哈尔滨工业大学学报》2006年第1期，第49页。

[2] "对外援助四项原则"在1982—1983年提出，具体内容包括：1. 遵循团结友好、平等互利的原则，尊重对方的主权，不干涉对方的内政，不附带任何政治条件，不要求任何特权。2. 从双方的实际需要和可能条件出发，发挥各自的长处和潜力，力求投资少，工期短，收效快，能取得良好的经济效益。3. 方式可以多种多样，因地制宜，包括提供技术服务、培训技术和管理人员、进行科学技术交流、承建工程、合作生产、合资经营等。中国方面对所承担的合作项目负责守约、保质、薄利、重义。中国方面派出的专家和技术人员不要求特殊待遇。4. 上述合作之目的在于取长补短，互相帮助，以利于增强双方自力更生能力和促进各自民族经济的发展。本内容载于《人民日报》1983年1月15日，第6版。

第三节　消极—主动供给的动力分析

一、国家理性与消极—主动供给

本节旨在分析国家消极—主动供给跨国公共物品的动机，分析哪些因素推动国家进行该类供给，并在供给中体现出多边的、合作的、稳定的供给特征。消极—主动供给反映了国家理性，是外交实践中最为常见的供给类型，在国际关系研究中，也经常作为霸权稳定论的经验基础被加以论述。由于公共物品的供给面临着集体行动的困境，国际公共物品更受到无政府结构的制约，最有实力的行为体，即霸权国家往往成为公共物品的最主要承担者。"霸权稳定论最富特色的地方在于把权力分布（自变量）和国际经济的开放程度（因变量）联系起来"，[①] 当国际体系的权力分布趋向高度集中，也就是出现霸权国的时候，霸权国会通过创建国际机制等方式提供国际公共物品，保证国际经济体系的开放性和稳定性。

理论界对霸权国家创造正面外部性的讨论从金德尔伯格对20世纪大萧条的分析开始，现在主要作为国际政治经济学（IPE）或全球政治经济学（GPE）的基础理论。这些学术讨论建立在国际关系历史的实践基础上，从不列颠治下的和平（Pax Britannica）到美利坚治下的和平（Pax Americana），从西方的罗马治下的和平（Pax Romana）到东方的天下体系。在特定时期，一定区域范围内的霸权国总会在内部治理之外为周围其他行为体提供公

---

① 钟飞腾：《霸权稳定论与国际政治经济学研究》，《世界经济与政治》2010年第4期，第109页。

共物品，包括国际机制、国际规范、文化以及共享的基础设施等。霸权国为维系某种秩序提供公共物品的行动首先是出于维护自身利益的目的，但这种行动创造的外部性同时也为其他行为体分享，对共同体利益的实现起到了积极作用。①

除了霸权国以外，在国际关系历史中许多并非处于绝对优势地位的国家同样会采取该种供给方式，而许多对于人类社会发展来说至关重要的全球公共物品，也借由与国家利益的一致性而得以供给。在更普遍的意义上，对促成该类供给的解释可从公共物品的汇总分类法和公共性的三角结构中找到答案。汇总方法和公共性三角结构的角度对公共物品的分类建立在国家理性的基础上，通过对相关公共物品领域的供给—消费结构的展示，预测结构对行为者选择和偏好的影响，并对特定类型的公共物品供给进行预测和分析。对于汇总方法来说，对行为体不同的偏好和选择基于博弈论的分析基础上，用行为主义的方法，寻找个体之间贡献的纳什均衡，侧重物质主义的成本/收益分析；对于三角结构来说，对行为体不同的偏好和选择基于供给者对公共物品领域的管理、消费和收益分配的公平性的观点，如果行为体认可了公共物品供给和管理的机制安排，将会主动进行供给，如果这些管理机制让行为体感到缺乏公平性，这种主动行为将会受到挫折。

二、汇总分类法的博弈论与消极—主动供给

托德·桑德勒在1998年对该种分类法进行了详细的描述，②

---

① 关于"霸权稳定论"的具体内容，可参见本书第一章第二节"文献综述"部分。
② Todd Sandler, "Global and Regional Public Goods: A Prognosis for Collective Action." *Fiscal Studies*, 19 (3), 1998, pp. 221–247.

斯科特·巴雷特（Scott Barrett）在为"公共物品专项组"撰写的报告中也依据该种分类方法对全球公共物品的供给情况进行分析。① 汇总方法根据个体贡献和总体供给水平的情况，将公共物品区分为总和（Summation）、最佳表现（Best-Shot）、最弱环节（Weakest-Link）和加权方法（Weighed Sum）四种。② 总和型公共物品指每个个体贡献者所提供的公共物品在总体层面上相同，并可以相互替代，比如温室气体排放，所有排放者对大气影响可以相互取代；最佳表现指公共物品的供给水平取决于做出最大贡献的行为体的政策选择，例如全球层面的反恐行动，成效取决于最强大最具有行动能力的国家的外交决策；最弱环节与最佳表现相对，指公共物品的供给状况取决于最薄弱一环的表现，例如对传染疾病的根治，只要最落后地区的公共医疗水平不足以应付传染疾病的威胁，全球任何地区的人类都不能免于被感染的危险；加权方法除对个体贡献赋予不同权重外，与总和型公共物品相同。

在汇总方法中，供给前景最为乐观的是最佳表现，斯科特·巴雷特在《合作的动力》中以防止小行星撞击地球为案例做了解释。③ 他设想如果发生小行星撞击地球的重大灾难，那对于所有

---

① 参见［美］斯科特·巴雷特著，黄智虎译：《合作的动力：为何提供全球公共物品》，上海人民出版社2012年版。

② 桑德勒在最佳表现和最弱环节基础上还探讨了两种相关的公共物品类型，即较佳表现（Better-Shot）和较弱环节（Weaker-Link），参见 Todd Sandler, "Global and Regional Public Goods: A Prognosis for Collective Action." *Fiscal Studies*, 19 (3), 1998, pp. 221–247. 此外，坎布尔等人将加权方法（Weighed Sum）与总和法（Summation）区分开来，将汇总方法的公共物品种类区分为四项，参见 Ravi Kanbur, Todd Sandler and Kevin Morrison, *The Future of Development Assistance: Common Pools and International Goods*, Washington: ODC Policy Essay No. 25, 1999, p. 66。

③ 参见［美］斯科特·巴雷特：《合作的动力：为何提供全球公共物品》，第一章"单一最大努力：可通过单边及最小化多边供应的全球公共产品"。

「国家提供跨国公共物品的动力分析」

国家来说，为防止小行星撞击地球付出成本（C）是一项全球公共物品，其中最为强大的国家（N1）将会从该项公共物品中获益最大（B1），如果该国有充分的资源阻止灾难，即 B1＞C，那该国就有足够的动力进行公共物品供给，即使其他国家选择搭便车。如果该国并不足以独立完成该项任务，那么会寻求其他国家的帮助，只要最为强大的几个国家的联合足以应对这一挑战，即 B1＋B2＋……＋Bn＞C＞B1，那么这些国家也将有足够的动力联合提供全球公共物品，以防止灭顶之灾的发生。

其实最优供给的乐观预测可以用智猪博弈①来展示，艾瑞克·拉斯缪森（Eric Rasmusen）在1989年根据动物心理学家的实验提炼而来：设想一个猪圈里有一头大猪和一头小猪，猪圈的一头有猪食槽，另一头安装着控制猪食供应的踏板，踩下踏板，会有10个单位的猪食进槽，但是谁踩踏板就会首先付出2个单位的成本，若大猪先到槽边，小猪踩踏板大小猪吃到食物的收益比是9∶1，小猪由于付出踩踏板的成本，实际收益为－1；同时到槽边，收益比是7∶3，两猪同时付出成本，实际收益是5∶1；小猪先到槽边，收益比是6∶4，大猪付出踩踏板的成本，实际收益比为4∶4。那么，在两头猪都有智慧的前提下，最终纳什均衡是小猪选择等待。

表3—1　智猪博弈

	小猪行动	小猪等待
大猪行动	5，1	4，4
大猪等待	9，—1	0，0

---

① Eric Rasmusen, Game and Information: *An Entroduction to Game Theory*, Wiley-Blackwee, 2011.

「第三章 国家在提供跨国公共物品中的主动行为」

在智猪博弈模型中，更有实力的行为体会选择主动供给公共物品的成本，尽管看似选择搭便车是符合相对获益的，但由于较弱小的行为体从集体目标中获益尚不及维持公共物品的成本，其既无意愿更无能力承担国际责任，对于大国来说，现实的理性选择是主动进行公共物品的供给，依托自身在实力分配中的优势地位创造正面外部性，谋求集体目标，同时是相对目标。

智猪博弈解释了强国为什么愿意主动承担公共物品的支付成本，其基础在于在最佳表现类公共物品中，大国或大国联盟为跨国公共物品付出的成本将会获得足够的回报。但是对于汇总方法中的另外两类公共物品，最弱环节和总和型公共物品，其为国家提供的博弈环境不同于最佳表现，如果国家的投资无法获得相应回报，国家进行供给的意愿将会受到挫折。但即使在这类情况下，有时国家依然会选择进行主动供给。

最薄弱环节公共物品，从理论上来看，意味着即使大部分国家都承担了相应的责任，但只要有某个或某些国家无法完成供给任务，整体的合作效果都会没有意义。而现实中，那些处于最弱环节的国家往往是最缺乏供给能力的国家，在主权原则的限制下，如果仅仅依靠行为体自身的努力，那么这一类公共物品的前景是悲观的。尽管有的时候在国际组织的外力推动下，大国会以对外援助的方式帮助薄弱环节应对挑战，但如果薄弱环节并不具有有效的治理能力和治理体系，无法保证将国际援助用于支付跨国公共物品的成本，那么大国的供给意愿将会受到挫折。此外，这种跨国援助的数额、程度也缺乏相应的权威标准，虽然国际组织在这方面可以提供帮助，但对于大国来说，更保险的做法是由直接的对外援助转变为提供更有限的应对措施，在本国或有限的区域范围内以实现对负面外部性的防御。比如，当索马里在20世纪90年代陷入无政府的混乱状态中时，成为小儿麻痹这一全球公共劣品的最弱环节，即使其他国家有意愿提供援助，索马里国内的混乱状况也无法保障该类援助可以有效地被用来支付公共物品的供给，对于其他国家来说，致力于避免传染疾病在本国或本区域内的传播，将会成为政策的优先。

此外，总和型的公共物品同样难以保证供给者可以获得有效回报。对于总和类公共物品来说，集体目标的达成依靠所有国家的努力，但由于不同行为体之间提供的公共物品成本具有可替代性，国家倾向于做一个搭便车者，即希望其他行为体为公共物品支付成本，而自己选择逃避以寻求相对获益，在这种情况下，即使更有实力的国家做出了更多的贡献，集体目标也会因为搭便车者而遭到破坏，从而影响到公共物品对供给者的回报。比如在温室气体排放领域，尽管从长远来看，人类共同体都将受到气候变化的消极影响，但在短期，有些处于寒带的国家可能会相对获得收益，此时对减排这项公共物品的供给意愿将会降低；对于新兴国家来说，对公共物品支付的相对成本高于其他国家，因此也不具备强烈的供给意愿；受到影响最大的国家（往往是岛国），虽然具有强烈的意愿，但缺乏相应的能力来填补搭便车者的成本空白；对于发达国家来说，虽然具有支付成本的能力，但同时由于技术和财务的优势地位，在应对气候挑战时有更丰富的手段和更强的能力，因此在排除外部因素的情况下也缺少供给意愿。由于相对收益和成本支付的不对等，加之减排这一行动的可替代性，依赖共同努力的总和型公共物品的供给很难调动国家的主动性。

最弱环节和总和型公共物品都涉及到一个共同的问题，即成本和收益的不对等。如果国家承担了国际义务，有可能造成他人获益的情况，这与囚徒困境博弈模型结构相似。该博弈模型①解释了个体理性与集体理性之间的张力：两名嫌疑人可以基于互相信任，选择谋求共同利益最大化的最优结果，但由于信任的缺失，以及获取个体利益最大化的渴望，使两人都倾向于选择背叛，从而导致互相揭发的次优结果，错过合作带来的获益。

表3—2　囚徒困境的博弈模型

	甲合作　Cooperation	甲背叛　Defection
乙合作　Cooperation	两人各获刑6个月	甲释放，乙获刑10年
乙背叛　Defection	甲获刑10年，乙释放	两人各获刑6年

囚徒困境与智猪博弈最大的不同在于，其纳什均衡固定在双方背叛（DD），也就是说行为体选择付出成本、坚守保密，很可能不如逃避责任带来的获益大，尽管对于两个人来说，帕累托最优是双方合作（CC），但出于对对方背叛的担忧和个人利益最大化的寻求，结果是双方互相背叛（DD）。在最弱环节和总和型公共物品中，正是由于行为体（无论其国家实力有多强大）对公共物品的支付行动都会由于其他人的搭便车而付诸东流，因此不会有国家选择承担国际责任，也正因此，诸如流行疾病和气候变化等困扰人类社会发展的诸多挑战无法得到充分治理。

但从经验上看，即使是最弱环节和总和型的跨国公共物品也并不总是必然陷入失败，虽然国际社会在应对气候变化上各怀心

---

① "囚徒困境的博弈模型"的讨论，可参见本书第一章第二节"文献综述"部分。

思,但对同样是总和型公共物品的臭氧层保护却取得了显著成效;尽管最不发达国家的乱象依旧,但发达国家并没有放弃对发展中国家的财政和技术转移。在坚守行为体奉行国家理性的前提条件下,一些情况的发展将会改变国家的偏好,让国家出于自利的目的,为公共物品的供给进行合作,支付成本:

首先,国家提供公共物品的收益上升。气候变化难以引起各国政府足够重视的一个重要原因是为该项公共物品进行供给的成本贴现率很高,对囿于一个特定政治周期的决策者来说,为一个要在几代人的时间内才会显现影响的公共物品支付成本,远不如为短期目标投资带来的收益更明显。臭氧层治理取得成效的一个重要原因是,科学发现表明,臭氧的消耗比之前所预期的情况更为严重,而新技术的出现使得有害物替代品的研制比之前预期的容易,[①] 这就增加了采取有效措施的重要性和急迫性,为公共物品进行支付的收益得到了提升,并且成本下降。同样,罗伯特·杰维斯(Robert Jervis)在分析19世纪的维也纳体系时提到,由于反对霸权的共同目标,让国家间相互协调的集体目标的获益得到了提升,并且这种协调有可能为合作寻求国家间多方面的福利创造了可能,这就使得相较于国家只专注于自身的均势策略,通过维系支持大国协调这一公共物品,可以获得更高的收益。[②] 这一收益的提高有时来源于提供公共物品本身带来的变化,有时则来源于公共物品以外的附加收益,诸如承担国际义务带来的声望、信任,以及国家管理能力和技术的提升,如果国家选择搭便

[①] 参见[美]斯科特·巴雷特著,黄智虎译:《合作的动力:为何提供全球公共物品》,上海人民出版社2012年版,第84页。

[②] [美]肯尼斯·奥耶主编,田野译:《无政府状态下的合作》,上海人民出版社2010年版,第66页。

「第三章 国家在提供跨国公共物品中的主动行为」

车策略,在治理失效以外,还应考虑一个"逃避责任者"的名声可能带来的机会成本。无论是在全球时代,还是在大国纷争的19世纪,如果公共物品的收益得到了提升,或者搭便车的收益下降,将会提高理性的国家提供公共物品的意愿。

其次,行为体之间的信任增强。在囚徒困境博弈模型之中,互相背叛成为纳什均衡的前提是行为体之间无法进行有效的沟通,如果两个囚徒之间可以进行交流、甚至是监督,那相互合作将会取代相互背叛,由于这种互相信任的增强,行为体对自己被置于不当利用的境地的担忧下降,集体目标更有可能达成。在国际关系实践中,两方面的因素有助于增强行为体之间的信任:一方面,国家之间并不是处于隔绝状态,行为体有机会对其他行为体的决策进行了解,而双边和多边的国际机制又在功能上对国家间的信息交换、甚至监督协议执行方面发挥功能性作用。另一方面,国家的死亡率较低,处于国际体系中的行为体处于多次博弈之中。阿克塞尔罗德的多轮次博弈研究表明,在重复的囚徒困境博弈中,即使缺乏中央权威,合作的概率也出现了明显增强,"潜在的背叛者将对来自告发的瞬时收益和由于告发所导致的未来收益的可能损失进行比较"。[①] 由于一报还一报的效力,行为体将对公共物品供给采取更主动的支付行为,以避免外交中的恶性循环。

总之,当承担责任进行合作的获益上升,逃避责任的成本上升,行为体将会更倾向于支付跨国公共物品的成本,尽管所有国家都尽量避免处于被不当利用的境地,但由于互相信任的增强,合作以应对挑战将会成为新的纳什均衡点。换句话说,囚徒困境

[①] [美] 肯尼斯·奥耶主编,田野译:《无政府状态下的合作》,上海人民出版社2010年版,第13页。

「国家提供跨国公共物品的动力分析」

博弈模型向猎鹿博弈模型的转变，是国家主动承担跨国公共物品的重要动力。

表 3—3　猎鹿博弈模型①

	猎人甲抓兔 Defection	猎人甲抓鹿 Cooperation
猎人乙抓兔 Defection	4，4	0，4
猎人乙抓鹿 Cooperation	4，0	10，10

该博弈模型设想两个猎人在进行狩猎，如果两个人合作捕鹿，两人将会成功分享更大的收获（CC），如果其中一人放弃合作，则可以依靠个人的力量捕获野兔（DC），而另一个猎人将会一无所获（CD），两个人也可以放弃合作同时捕兔，此时各自会获得相对较少的猎物（DD），由于合作的获益高于逃避责任的获益，行为体的偏好是 CC > DC > DD > CD。该博弈模型有两个纳什均衡，即 CC 和 DD，如果行为体之间相互信任，CC 将会成为更符合理性的选择。

公共物品的博弈环境由囚徒困境向猎鹿游戏的转变有助于理性的国家选择合作的战略，全球化的进程则推动了这种转变，使得全球公共物品的供给更有理由抱持乐观态度，这些推动包括行为体之间的相互依赖加深，提高了共同获益的报偿；合作频率和深度增强，对于一报还一报的考虑限制了搭便车策略的诱惑；以及国际机制的丰富和强化，增强了行为体之间的信息交流和互相

---

① 猎鹿博弈模型最早可追溯至启蒙思想家卢梭，［法］卢梭著，李常山译：《论人类不平等的起源和基础》，商务印书馆 1997 年版。此处描述的猎人编好顺序，参见［美］肯尼思·奥耶著，田野、辛平译：《无政府状态下的合作》，上海人民出版社 2010 年版，第 8 页。

「第三章　国家在提供跨国公共物品中的主动行为」

信任。

三、公共性三角结构、联产品与消极—主动供给

英吉·考尔提出另一种着重考察个体和总体之间关系的分类法，即"公共性的三角结构"。

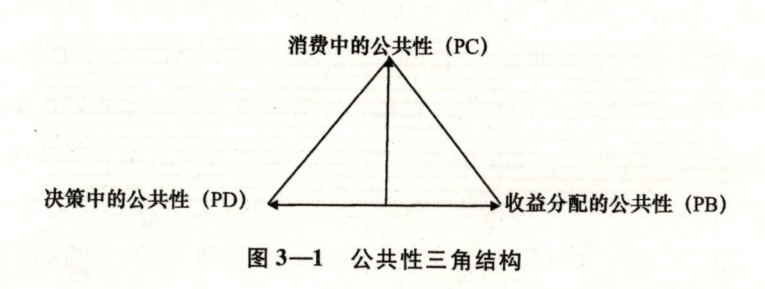

图 3—1　公共性三角结构

（消费中的公共性（PC）；决策中的公共性（PD）；收益分配的公共性（PB））

在该三角形结构中，三个点都涉及到个体与总体之间的关系。消费的公共性指公共物品本身的消费在个人与全体之间的非排他性，即是否能够为公共领域中的每个个体所共享；决策的公共性是对公共物品进行管理的决策过程的公共性；收益分配的公共性则指不同行为体从公共物品中获益的程度。该三角结构随着三个维度公共性程度的不同而变化，而作为行为体，往往通过三角结构的不同变化反映出来的个体在整体中的地位进行决策。当该三角结构为一等边三角型时，意味着决策、收益和消费的公共性都较高，考尔认为在这种理想的公共性三角结构中，决策制定符合一般等价原则的条件，纯收益在不同群体之间实现公平的分配，从而保证了消费的公共性。① 在这种情况下，所有个体愿意在权力和收益对等的条件下为公共物品进行支付。

---

① ［美］英吉·考尔、罗纳德·U.门多萨：《促进公共产品概念的发展》，英吉·考尔主编，张春波、高静译：《全球化之道》，人民出版社 2006 年版，第 83 页。

「国家提供跨国公共物品的动力分析」

任何一项公共性的缺失都意味着公共物品公平性的缺失，个体根据所处的情境不同，其供给的积极性将会受到影响：当点PD收缩的时候，意味着公共物品的决策不完全具有公共性，如一些重要国家集团的货币政策，其决策局限于一个较小的圈子之中，但是其外部效应影响到世界整体经济的运行状况。在这种情况下，享有更多决策权力的行为体将会为其他国家提供搭便车的机会，对于搭便车的国家来说，虽然会从这种结构中享有收益，但仍然会对决策的不公平抱持抵触，并尝试寻求与收益相匹配的决策参与权（如果不是更多的话）。如果决策和收益的不对等持续不变，处于决策不对等地位的国家对公共物品的支持将会经受考验。实际上，八国集团（G8）向海利根达姆进程（G8＋O5）、再到二十国集团（G20）的转变，即反映了决策公共性的不断调整。

当PB点收缩的时候，意味着公共物品的收益分配不完全具备公共性，如世贸组织中，虽然一国一票的决策程序满足了决策的公共性，但在实际中，发展中国家在谈判中的影响力有限，其收益分配并不均衡。在这种情况下，发展中国家的收益无法反映其在国际机制中的决策地位，寻求与决策地位相匹配的收益地位（如果不是更多的话）。同样，如果这种不匹配持续不变，处于收益分配不平等地位的国家将会对跨国公共物品抱持不满，从而影响到供给积极性。世贸组织规则中，针对发展中国家的差别待遇和优惠安排，即反映了这种调整收益公共性的趋向。

当PD和PB两点同时收缩时，意味着决策和收益分配的公共性都受到限制，典型代表为世界银行和国际货币基金组织等国际金融机构。在这些机构中，决策权的设置采取加权计算方式，国家间的实力分配决定了决策权的分配，同时，如世贸组织一样，其收益分配也存在差异。在这种情况下，对于行为体来说，决策和收益的不对等将会危及对公共物品的持续供给。替代策略是在整体的决策和收益分配公共性不足的情况下，使每一个行为体的决策和收益尽量对等。①

公共性三角结构除了成本/收益考量外，增加了对行为体决策地位的考量，这意味着拓展了国家理性选择的解释范围，即在对国家供给进行分析时，除考虑收益分配的公共性外，应同样重视决策权的公共性。在权力和收益对等的情况下，国家愿意付出全球公共物品的支付成本，在相反的情况下，国家的支付意愿将会受到冲击。公共性的三角结构实际上包含着通过某种程度的内部化，以解决集体行动的困境。传统集体行动理论对公共物品供给抱持悲观态度，解决之道除了中央权威外，最重要的方式就是通过引入产权制度将公共物品的外部性内部化。在公共选择领域，这种理论反映为财政对等原则（fiscal equivalence），即"一种产品的受益范围与权限范围是对等的。这一原则明确了，受某种产品影响的人可以参与有关该产品供应的决策过程"。② 换句话说，对国家而言，收益分配和决策分配的对等，在一定程度上实现了跨国公共物品外部性的内部化。当然，由于缺乏中央权威的存在，国际层面的财政对等原则依赖于相应的国际机制建设，一个公共物品能否设立一套有效可行的机制，以保障其外溢影响到的行为体都能在公共物品中获得合理公平的收益，以及与这种外部性相适应的决策权，将决定国家能否对该类公共物品进行支付。

托德·桑德勒在1977年提出的"联产品"（joint products）概念，有助于理解这种内部化效应。联产品指那些可以同时产生

---

① ［美］英吉·考尔、罗纳德·U.门多萨：《促进公共产品概念的发展》，英吉·考尔主编，张春波、高静译：《全球化之道》，人民出版社2006年版，第92页。
② 同上书，第81页。

「国家提供跨国公共物品的动力分析」

两种或两种以上结果的公共物品，这些不同的结果可以是纯粹公共性的，也可以是不纯粹公共性的，甚至可以是完全私人属性的。[1] 如对外援助，一方面可以为外部世界的发展创造正面外部性，同时也有助于提高援助国的国际声望，促进国内产业发展，甚至在有些情况下，对外援助可以换取外交或安全上的重要回报，对外援助同时包含了利他和利己的结果。再比如，世界银行的投票权设置，其权重取决于国家认购的世界银行股份的比重，世界银行的股份一方面是世界银行实现集体目标的资金来源，另一方面也是特定国家在国际机制中决策权的重要依据。换句话说，国家认购世行股份，既可以视作是为集体目标支付国际公共物品成本，同时也是实现个体目标的外交选择。对国际金融机构的支持可以同时获得私人属性和公共属性的回报。在桑德勒看来，联产品的持续供给，取决于行为体在支付过程中获得的排他性的私人回报和整体收益的比例，如果这一比例趋近1，意味着收益更多被行为体排他性的享有，行为体也就获得了持续供给的动力；如果这一比例趋近为0，则意味着公共收益占主导地位，公共物品将会面临供给不足的挑战。[2] 在下文中将会看到，正是世界银行在决策权设置上的灵活性和可调整性，使得行为体在支持该项公共物品（购买股份）的过程中可以获得相应的个人回报（投票权），当两者挂钩的时候，从联产品的角度看，这种机制设计因为满足了行为体排他性的收益需求而得到行为体的支持。从公共性三角结构的角度看，尽管该机制的决策和收益不具备完全的公共性，但对个体来说，这种公共性的不对称与对公共物品

---

[1] Todd Sandler, "Impurity of Defense: An Application to the Economies of Alliances," *Kyklos*, Vol. 30, No. 3, 1977, pp. 443–460.

[2] Todd Sandler, *Global Collective Action*, Cambridge University Press, 2004, p. 54.

的支付程度相挂钩,是可望得到调整的。

四、案例二:世界银行投票权

作为战后体系重要组成部分的世界银行成立于1945年,设立之初的目标是帮助在第二次世界大战中被破坏的国家重建,今天它的任务主要是通过资助的方式消除穷困。广义的世界银行集团包括国际复兴开发银行、国际开发协会、国际金融公司、多边投资担保机构和国际投资争端解决中心五个机构。[①] 世界银行与国际货币基金组织、关贸总协定(世界贸易组织前身)一道,肩负着维系战后世界新秩序的重要任务,在金融领域发挥作用,维护世界发展与稳定。世界银行的功能和作为国际机制本身使其具有了公共物品的性质。传统上,反映战后秩序的公共物品依靠霸权国以维护自身利益为出发点进行供给,事实上,从世界银行成立之初,以至在日后漫长的发展岁月中,其组织运行、资金来源都依靠霸权国的扶持。在运转过程中,其决策也多反映了大国的意愿。按照霸权稳定论的观点,这一类的国际机制如果仅仅将自己局限为霸权国谋求自身政治利益的工具,那么当全球政治经济结构发生变化时,其存在的根基将会面临挑战。对于新兴国家来说,如果维系世界秩序的机制无法满足伴随其实力分配地位的变化而变化的对自身利益的追求时,将会寻求推翻现有机制而非对其进行维护。英吉·考尔的公共性三角结构向我们展示了国家在进行外交选择时,可能面临的公共物品的管理机制、消费范围和收益分配的不同结构。尽管一项公共物品在消费上对大部分行为体,尤其是主要大国来说都会产生外部性,但其收益和决策上的

---

① 世界银行官方网站:http://www.shihang.org/zh/about,上网时间:2015年2月2日。

「国家提供跨国公共物品的动力分析」

不同结构将会影响到国家的选择。当国家感到一项公共物品的决策和收益分配不公时，理性的行为体将会拒绝对该项公共物品进行供给，只有当其决策、收益分配在行为体看来是公正的时候，国家才会出于理性而进行主动供给。从联产品的角度看，如果对世界银行的支持无法换取新兴国家对相对获益（反映在投票权地位）的追求，新兴国家将会寻求改变支持政策。

在世界银行的案例中，正是该公共物品在决策和组织方面的灵活性和预留的调整空间，使其具有较强的调整能力以符合新兴国家的期望，从而得以延续至今并保持活力。

正如战后成立的大部分国际组织一样，世界银行是一个开放的俱乐部，奉行市场经济的国际货币基金组织成员都可申请成为世界银行成员。迄今为止，其成员已包括世界各地188个国家和地区。这些成员国既可以享受世界银行带来的福利，如贷款和援助，同时也是该项公共物品的供给者，需要通过认购股本的方式以支撑该机构的日常运转。对于大部分国家来说，对世界银行的支持基本与意识形态无关，在长期的互动中，是否支持、以及对支付公共物品采取何种态度，大多源自国家的理性决策，可归为消极—主动供给类型，但这种供给的动机将会受到该组织相关制度建设的影响。

世界银行的最高权力机构为理事会，负责批准新会员的加入，暂停和取消成员资格，增加或减少银行资本，决定银行净收益的分配，批准解散银行，执行董事的选举等重要权利，[1] 其成

---

[1] International Bank for Reconstruction and Development, *Articles of Agreement*, p. 11. 世界银行官方网站：http：//web. worldbank. org/WBSITE/EXTERNAL/EXTABOUTUS/ORGANIZATION/BODEXT/0，contentMDK：50004943 ~ menuPK：64020045 ~ pagePK：64020054 ~ piPK：64020408 ~ theSitePK：278036，00. html，上网时间：2014年12月28日。

员构成来自成员国委派，各成员国可以委派一名理事和一名副理事，一般由各国财长或央行行长出任，各国理事对重大事项的投票权取决于本国在世界银行的投票权。世行的主要日常行政执行机构为董事会，行使理事会委托的一切权力，其中执行董事和副执行董事各24人，人员由大国委任和理事会选举产生。对于世界银行来说，其决策和执行能力蕴于国家的投票权之中，国家的投票权将成为判断其在该项公共物品中决策权分配中的地位的重要依据。世界银行的投票权分配主要源自布雷顿森林公式，该公式被广泛运用于战后国际机制的安排之中，以计算不同成员国的加权权重。世行采用的布雷顿森林公式是一种混合方式，其中既包括每个成员国250票的基本票，还包括份额票，份额票取决于各国认购的世行股份。该种投票权机制从理论上来说既体现了公平原则，又兼顾到与国家实力相称的差别原则。然而在实践中，由于世行将每股股份定为较低的每股10万美元，这就造成各国所持有的基本票仅相当于2500万美元的股本，而发达国家可以通过大量购买股本获得更多的投票权，从而更多地操作组织的运行。① 比如，伴随世行的几次增资，使得基本票相对份额票的比例不断降低，在1946年时，基本票占总投票权的11%，而这一数字在1999年已经降为3%。② 这就意味着经济实力更强的大国和大国集团逐步垄断了该组织的决策权。此外，关于布雷顿森林公式，其自采用之初即受到政治博弈的考量，本该用于援助发展中国家发展的贷款通常会被大国所垄断，并出于政治考量做出更

---

① 世界银行基本份额从1亿美元降为2500万美元，参见 Lister, *Decision-Making Strategies for International Organization*, University of Denver, 1984, p. 39.

② 范宇：《论世界银行决策机制的改革》，外交学院硕士学位论文，2001年，第10页。

「国家提供跨国公共物品的动力分析」

符合这些国家利益的决策。曾负责起草份额公式的雷蒙德·迈克塞尔（Raymond Mikesell）在回忆当年对世界银行和国际货币基金组织第一批份额确定情况时写道：

> 在1943年4月中旬，怀特（时为美国财政部首席国际经济学家）从他的办公室打来电话，要求我准备一份规章，规定具体……配额，遵循的基础便是各个成员国的黄金及美元储备量、国际收入以及外贸情况。他没有就采用的加权提出任何指示，但是我必须给美国大概29亿美元的配额，英国（包括其殖民地在内）的配额大概是美国的一半；苏联的数量仅次于英国；再接下来是中国……怀特最关心的问题是我们的军事盟国应该拥有最大一部分配额……为了达到事前规定的配额要求，我在进行估计时进行了一定程度的自由发挥。①

由此看来，对于发达国家来说，对世界银行的融资面对的是一个决策权突出的三角结构，而发展中国家面对的三角结构则相反。对于广大新兴国家来说，尽管该组织能够为其发展提供帮助，但在决策权分配中的不公正将会削弱其对机制支持的热情。尤其对于新兴大国来说，实际的全球经济地位与决策权的不符让该机构很长一段时间招致了批评。

世界银行投票权分配的不公正性让其自身的合法性和行为体对其供给的热情受到伤害，新兴国家有理由降低对其支持的热情，甚而考虑筹建新的国际金融机构。然而，世行自身规制的调

---

① ［美］曼瑟尔·奥尔森著，陈郁、郭宇峰、李崇新译：《集体行动的逻辑》，上海人民出版社1995年版，第195页。

节能力，在很大程度上保证了其始终作为国际金融秩序支柱这一公共物品的功能。

其自身的调节能力主要体现在：一方面，布雷顿森林公式的灵活性。该公式既包含了平等的考量，也涉及到不同的经济地位国家在决策权分配中的差异，这种差异主要反映在加权计算方法上，而影响该计算方法的变量具有调整的灵活性，实际上，其计算方式在20世纪60年代和21世纪初经历了两次大的调整，以使该机制内的行为体权限分配适应全球经济格局的变化。最近一次世行投票权调整发生在2010年，此次调整着重增加了以中国为代表的新兴国家的投票权份额，发展中国家的整体投票权由44.06%上升到47.19%，其中中国在世行中的投票权比例由2.77%上升到4.42%，成为美国和日本之后的第三大股东国。另一方面，世行本身的决策方式强调协商原则，而非强制性更强的投票方式。虽然协商的方法降低了机制的有效力，但在决策权限分配并不完善的情况下，避免投票在一定程度上赋予了行为体更多的灵活空间，对于在投票权上居于弱势地位的国家，也在一定程度上获得了超越投票权框架限制的决策权和话语权，缓和了不合理的投票权分配和全球经济格局变化之间的张力。

当然，这并不意味着世界银行可以长期获得行为体的主动支持，其对国家尤其是发展中国家来说依然是一件需要不断审视的全球公共物品，如何保证三角结构对成员的公正合理不仅是国际机制的公平问题，而且直接关涉到国家的供给意愿。由于其自身的诸多环节有待明确，比如如何在加强有效力的前提下依然能为大部分国家所接受，将是该组织能否长期稳定运转的重大挑战，而国家也会根据世界银行自身组织机制的变化，调整自己的公共物品支付行为。

第四章

国家在提供跨国公共物品中的被动行为

  公共产品的供应动机并不是完全固定的，制度可以对它们进行塑造和重新定向。
  ——斯科特·巴雷特（Scott Barrett）
  自2月1日以来，海洋守护者协会一直在追踪研究母舰日新丸号，为了保障船员安全，船队已暂停捕鲸活动。
  ——中奥达也（Tatsuya Nakaoku）

  本章旨在描述国家提供跨国公共物品的被动行为。与上一章的两类供给方式不同，本章所述两类供给方式从决策进程角度看，都不是可由行为体自身的决策进程所能解释的。被动的供给意味着在没有外力的作用下，行为体会选择搭便车，或者对承担国际义务漠不关心，但外部力量的存在，推动国家进行了供给。本章首先界定出两种被动供给行动的定义，描述两种被动供给行动的特征。第二节和第三节分别聚焦于积极—被动供给和消极—被动供给，寻找塑造这两种供给行动的动力因素，并分别以南极和丰塞卡湾的治理，以及日本被迫暂停捕鲸行动为案例，用国际关系中的实践还原此类跨国公共物品供给行为。

第四章 国家在提供跨国公共物品中的被动行为

第一节 | 被动供给的表现和特征 |

与上一章的两类供给方式不同，本章所述两类供给方式从决策进程角度看，都不是可由行为体自身的决策进程所能解释的。被动的供给意味着在没有外力的作用下，行为体会选择搭便车，或者对承担国际义务漠不关心，但由于外部力量的存在，推动国家进行了供给。外部力量的重要性在早期集体行动理论中以公共权威的形式出现，[①] 以强制力为保障的公共权威，可以通过建立奖罚措施规范行为体的行动，遏止搭便车行为；可以通过提供信息，强化行为体之间的信任，使参与者对其他行为体的行为做出更积极的预期；通过税收解决对公地进行管理和监督的成本问题。人们在国内社会生活中所享用的公共物品或公共资源，大部分都以国家政府的强制力为保障，如建设国防力量、对森林资源的可持续开发等。在国际社会中，这种外部力量与传统研究有所区别，展现了国际关系的特殊性，即外部力量更多源自平行的力量而非垂直的力量。在传统国际关系中，平行的外部力量主要来自其他国家，同样被主权原则赋予对外平等权的行为体之间的互动，这种互动大部分时候表现为大棒和胡萝卜。随着时代的进步，一方面多元行为体兴起并带来外交互动方式的多元化，传统上被院外集团经常采用的游说、宣传策略开始被跨国倡议网络运用到国际舞台，信息时代带来的传媒的舆论权力和影响力增长，作为信任来源的专家系统开始以跨越国界的认知共同体的形式发

---

① William Ophuls, "Leviathan or Oblivion". in H. E. Daily, ed. *Toward a Steady State Economy*, Freeman Press, 1977, pp. 21–30.

挥作用，丰富了新型互动方式；另一方面，以公共福利为目标的国际关系行为体的兴起，在一定程度上挤压了传统的胡萝卜加大棒的行事空间，说服的重要性开始上升。在国家供给跨国公共物品的实践中，不同的互动方式塑造了不同的供给动机，即以说服为代表的积极—被动供给和以强制力为代表的消极—被动供给。

一、积极—被动供给及其特征

积极—被动反映了供给者被说服以进行跨国公共物品的融资行动。尽管在没有外部力量推动时国家不会承担相应义务，但供给者最终认可了供给行为。这种情况一般反映在观念类公共物品中，或由共有观念推动的其他种类的公共物品，供给国最初往往是观念外溢的对象，但随着对某种观念的接受，国家开始由消费者转为生产者。比如主权观念在世界范围的传播，尽管这种传播对于被动纳入主权秩序中的地区和国家来说往往伴随着痛苦的经历，但当这些地区和国家对该观念接受和认可之后，便会成为该类公共物品的维护者和供给者，今天最为强调维护主权秩序的国家往往是历史上的被动消费国。此外，二战结束后，在权力分配中处于优势地位的殖民国对殖民地独立行动的妥协，也离不开对以联合国1514号决议为标志的反殖民主义观念的接受和认可。[①]

首先，该类供给是关系本位的，反映了建构主义的特征，特别是过程建构主义。行为体能够被说服以进行公共物品的供给，建立在认同的基础之上，这就意味着该类供给方式反映了国际关系的社会性特征。在结构建构主义者那里，认同来源于国际观念

---

① ［美］罗伯特·杰克逊：《观念在非殖民化中的分量：国际关系中的规范变革》，［美］朱迪斯·戈尔茨坦、［美］罗伯特·基欧汉编，刘东国、于军译：《观念与外交政策》，北京大学出版社2005年版，第110—135页。

结构，结构层次的共有观念塑造了国家的身份认知，身份界定了国家利益，并进而对国家的决策带来影响。[1] 特别是国际规范，作为一种共有观念，对于说服国家，影响其偏好产生了重要作用，即玛莎·芬妮莫尔所谓来自国际机制的"传授"，使得国家被国际机制所说服，接受国际规范，重塑利益认知，并对国际关系实践产生影响。[2]

在国家被说服以进行跨国公共物品的供给实践中，行为体的决策不仅取决于个体所处的国际观念结构之中，偏好的形成也不仅是来自国际机制的"传授"，在很多情况下，个体的决策还取决于对个人身份和利益的认知，而这一认知又取决于与其他行为体之间的互动过程。正如制度主义通过增加过程变量以修正结构现实主义，过程建构主义同样通过增加进程变量以修正温特的结构建构主义，[3] 虽然遵循建构主义的基本假设，即社会性因素塑造了国家的外交选择和国际社会的发展变化，但强调这一变化和发展的动力来自于过程因素，即"关系"。在社会学研究中，穆斯塔法·埃米尔拜尔（Mustafa Emirbayer）首先提出关系主义，行为体不应被视为独立的、分离的理性行为体，他们是社会中的行为体，社会关系先于行为体的存在。帕特里克·杰克逊（Pat-

---

[1] [美] 亚历山大·温特，秦亚青译：《国际政治的社会理论》，上海人民出版社 2008 年版。

[2] [美] 玛莎·芬妮莫尔著，袁正清译：《国际社会中的国家利益》，上海人民出版社 2012 年版，第 9 页。

[3] Mustafa Emirbayer, "Manifesto for a Relation Sociology," *American Journal of Sociology*, Vol. 103, No. 2, 1997, pp. 281–317; Patrica Jackson and Daniel Nexon, Relations before States: Substance, Process and the Study of World Politics, *European Journal of International Relations*, 1999, Vol. 5, No. 3, pp. 291–332. 转引自秦亚青：《关系本位与过程建构：将中国理念植入国际关系理论》，《中国社会科学》2009 年第 3 期，第 80—81 页。

rick Jackson）和丹尼尔·奈克森（Daniel Nexon）将埃米尔拜尔的关系社会学应用于国际关系领域，提出了一个"过程/关系"研究模式，强调过程本身的建构作用和过程的动态性质。① 秦亚青则从费孝通分析中国传统社会的"涟漪"理论发展出一套完整的过程建构主义，明确指出"过程的动力需要来自运动要素。过程的运动要素就是关系"。②

积极—被动供给的关系本位特征，意味着该类供给方式反映了国际社会进化原则。行为体被说服以承担国际义务，本身反映了人类整体文明的进步，这一类供给行为的增多意味着强制的方式受到压缩。一方面，国家之间，尤其是大国之间实力的匀质化分布，尤其是战略威慑能力在主要国家之间的扩散，导致胡萝卜和大棒的效用降低；另一方面，复合相互依赖的发展，使得国家间的敏感性和脆弱性上升，威胁和强制的方式面临的成本更加高昂。总之，对于国际关系中的主要行为体来说，用强制的方式解决集体目标问题往往面临着硬实力困境，③ 尽管在诸如国内强力部门和民族情绪的推动下有通过强制手段解决冲突的意向，但该种互动方式的巨大成本使得该手段不再是一个理性选项。与此同

---

① Mustafa Emirbayer, "Manifesto for a Relation Sociology," *American Journal of Sociology*, Vol. 103, No. 2, 1997, pp. 281–317; Patrica Jackson and Daniel Nexon, Relations before States: Substance, Process and the Study of World Politics, *European Journal of International Relations*, 1999, Vol. 5, No. 3, pp. 291–332. 转引自秦亚青：《关系本位与过程建构：将中国理念植入国际关系理论》，《中国社会科学》2009年第3期，第81页。

② Mustafa Emirbayer, "Manifesto for a Relation Sociology," *American Journal of Sociology*, Vol. 103, No. 2, 1997, pp. 281–317; Patrica Jackson and Daniel Nexon, Relations before States: Substance, Process and the Study of World Politics, *European Journal of International Relations*, 1999, Vol. 5, No. 3, pp. 291–332. 转引自秦亚青：《关系本位与过程建构：将中国理念植入国际关系理论》，《中国社会科学》2009年第3期，第77页。

③ 蔡拓、杨昊：《试析"硬实力困境"》，《现代国际关系》2011年第2期，第51—55页。

时，国际关系中社会性力量的不断增长和影响力的增强，和平、发展等规范性价值通过公民社会活跃的行动能力转达并影响到国家外交决策，并借助全球化的巨大推动力在全球层面扩展；国际机制的发展及其功能的丰富和效力的增强，用规范化的方式解决集体目标的成本下降，这一切都增强了"说服"作为外交方式的重要性。温特提出了三种结构文化，从霍布斯文化、洛克文化到康德文化，在不同的共有文化下，国家的外交方式呈现为强制力的、契约的以及朋友式的。积极—被动供给是被说服以为集体目标支付成本，其起作用的方式接近于康德式的共有观念，是对霍布斯主义和马基雅维利主义的突破。如果积极—被动供给方式在跨国公共物品供给中的数量增多，将意味着行为体之间的良性互动增多，共有观念更广泛，而对其他行为体和国际社会的认知趋向友好和认同。

其次，该类供给是稳定的。一旦国家在主体间的互动中形成共有观念，在社会化过程中接受对公共物品供给的认知，并付诸实际行动，那么就会在与其他行为体的互动中不断强化这种观念，并通过这种观念确定自身的外交选择。这种观念的强化并不仅仅体现在决策者的继承性，还体现在从决策者到社会的整体认同，当国家的公共物品支付行为被建构为符合自身的选择偏好时，政治家的政治宣誓和社会传媒都在不断地塑造这样的原则性信念，巩固了积极—被动供给的社会基础。比如，当非殖民化的运动和观念在国际社会成为优势观念的时候，处于权力分配优势地位的老牌殖民国家接受了这样的观念，并通过妥协支持了这一原则的实践。这种选择并非是权宜性的政治妥协，而是得到了从社会到决策者的认可，正如今天"新殖民主义"被认为是一个带有贬义色彩的外交词汇，即使在新的国际关系实践中出现了一国推翻另一国政府的战争，殖民主义式的对新占有土地资源的掠夺也不再是一个可被严肃考虑的选项，如何实现秩序的重建并维护主权原则，成为更被接受的现实选择。

此外，积极—被动供给的稳定性还体现在该种供给方式的可转化性，尽管其决策之初是受到外部力量的推动，然而一旦国家接受了对某项跨国公共物品的供给行动，并被内化为自身的外交选择偏好，那么国家的供给行动将会趋向于理性的、合作主义的和稳定的消极—主动供给。尽管从宏观来看，这种供给行动源于外部力量，但在日后的实践中，将会转化为被国家认知和接受的、符合国家利益的外交选择，就像消极—主动供给中囚徒困境向猎鹿博弈的转变一样，一旦国家被说服，增强了对其他行为体的信任和对集体目标的认同，将会促进国家稳定的进行支付行动。

二、消极—被动供给及其特征

在相互依赖不断加深的全球时代，积极—被动供给在被动供给中的比重逐渐增加并开始占据优势地位，但在长远的国际关系实践中，消极—被动供给曾经是国际公共物品被动供给的常态。与积极—被动供给一样，该种供给方式反映了不独立的决策过程，是一种被动反应的结果。"消极"强调的是"被强制"，即外部的供给意愿并未能内化为国家的利益认知，但在外部力量的作用下，国家被迫进行公共物品供给。

首先，消极—被动供给是现实主义的。该类供给方式的出现是不同行为体利益诉求差异和国家实力差异的产物，是不同国家在"权力界定的利益"指导下的权力政治的博弈。如日本签署华盛顿条约，同意限制海军军备，参与到维系凡尔赛华盛顿体系的背后，是由美国优势地位支撑的强制力的作用。现实主义国际政治研究者所看重的外交内容，如均势、联盟、遏制等，都建立在国家实力分配的基础之上，这些特定的以权力为基础的外交手段，不仅仅有助于维护安全、发展等私人物品的实现，同时也是在奥尔森式的集体行动逻辑的前提下，为了实现国际稳定、维护特定国际秩序所采取的必要措施。当然，这种外部的强制力并不局限于国家，尤其在全球治理领域，那些需要国家承担义务的全球公共物品通常指向集体福利的目标，重视相对获益的国家缺少相应的供给动力。在现实中，具有鲜明价值导向的跨国倡议网络和各种国际组织往往成为公共物品的动力来源，这种来自外部的力量有时是以较为温和的手段推动供给，但有时也会运用强制力，比如全球公民社会为推动更公平的全球贸易体制在1999世贸组织西雅图会议上的极端行动，以及世界贸易组织的强制执行措施。

其次，消极—被动的供给方式是不稳定的。但是这种由大棒与胡萝卜导致的外交妥协终究无法弥合不同行为体的利益诉求，这一类公共物品也不可能得到长久的保障，一旦实力对比发生变化，或者供给者认为实力对比发生了变化，就会尝试放弃对公共物品的支持，转而采取改变现状的政策。历史上每一次以强制力为保障的国际秩序，从威斯特伐利亚、维也纳、凡尔赛—华盛顿以至雅尔塔体系，其维系的稳定状态都较为短暂，如果没有被被动维系该秩序国家的认可，那受到强制力压制的国家就会伺机寻求改变现状，一旦权力分配的格局发生变化，冲突将接踵而至。在具体问题上，消极—被动供给的不稳定性同样明显，以裁军为例，第一次世界大战之后，协约国集团挟战胜之威，依靠强制力与同盟国集团签订《凡尔赛条约》，其中强调为实现和平，需对各国军备普遍限制，尤其对德国军备大幅限制，[1] 如规定德国陆

---

[1] ［美］汉斯·摩根索著，徐昕、郝望、李保平译：《国家间政治：权力斗争与和平》，北京大学出版社2006年版，第430页。

军被限制在10万员以下,并且不得拥有坦克等进攻性武器,不得拥有海军、空军,取消德军参谋部,船舰方面只能有6艘排水量1万吨的战列舰,不准拥有潜水艇等。然而《凡尔赛条约》并未能带来一个持久稳定的新秩序,反而让消极—被动接受该协议的德国饱受屈辱,实际上,德国对凡尔赛条约的支持仅延续不到16年。依靠强制力保障的国际条约并没有实现其所要达到的集体目标,背负着该条约的行为体不仅蓄力撕毁该条约,并在随后发动了第二次世界大战,谋求更改世界秩序。

第二节 积极—被动供给的动力分析

一、规范与积极—被动供给

积极—被动供给反映了建构主义的特征,在国际关系的互动进程中,国家被说服以进行跨国公共物品的供给。这种说服源于国际规范对国家偏好的改变。在实践中,这种规范有时来自国际结构层面,表现为国家对国际规范的认知和内化;有时来自进程层面,表现为国家间的互动关系。前者主要反映了以玛莎·芬妮莫尔为代表的结构建构主义的理论路径,后者则反映了过程建构主义的理论路径。

首先,从结构建构主义角度看。规范包含某些明确的关于其成员合法和非法行为的禁制性的内容,并在相对普遍的意义上界定成员的责任和义务。[①] 相较于制度主义者对"规范"功能性作用的强调,玛莎·芬妮莫尔则从社会学标准将规范定义为"行为

---

① [美]罗伯特·基欧汉著,苏长和、信强、何曜译:《霸权之后:世界经济政治中的合作与纷争》,上海人民出版社2006年版,第57页。

「第四章　国家在提供跨国公共物品中的被动行为」

体共同持有的适当行为的共同预期"。①在玛莎·芬妮莫尔看来，规范之所以能够发挥作用，并影响国家的利益偏好，源于适当性逻辑对于后果性逻辑的前置地位。适当性逻辑意味着国家在决策的时候首要考虑的是自身处于何种情形之中，在该种情形下何种行为是适当的，这种考量受到其所处的共有观念的结构影响。在这样的认知背景之下，国家再去寻求后果性逻辑，换句话说，行为体对效用的追求，是国家对于何种行为是恰当的判断的因变量。遵循适当性逻辑的结果，就是使得国际规范对国家的偏好有重要的塑造作用，并进而影响到国家的外交决策。而国际规范，主要来源于国际机制的"传授"。"社会结构——行为和社会制度的规范——能给国家提供行动的方向和目标，其代表的价值和规定的规则及角色引导着行为。行为体遵守这些制度与规范，部分是因为'理性的'原因，同时也因为行为体本身逐渐社会化，从而去接受这些价值、规则和角色。行为体把角色、规则内化为自身遵守的脚本，他们这样做不是出于自觉的选择，而是因为他们知道这些行为是适当的。"②在结构建构主义者看来，这种结构层面的规范传授来源于国际机制和国际组织，特别是国际机制中的认知共同体（epistemic community）为代表的专业组织，以及借助国际平台活跃的跨国活动家，在国家被说服，从而改变偏好的过程中发挥了重要作用。在国家提供跨国公共物品的实践中，表现为国家对国际组织要求的集体行动支付成本，比如响应世界卫生组织的号召，为根除埃博拉流行疾病行动提供资金和人力支持，而在没有该组织推动的前提下，国家可能更愿意将注意

---

① ［美］玛莎·芬妮莫尔著，袁正清译：《国际社会中的国家利益》，上海人民出版社第16页。
② 同上书，第20页。

力放在避免流行疾病蔓延至国内。再比如在认知共同体国际科学理事会（ICSU）的推动下，相关国家签署《南极条约》以冻结针对南极大陆的主权纷争，形成公域治理规范。

其次，从过程建构主义角度看。在实践中，规范对国家偏好的影响并不是只有来自结构层面的单一传授，跨国倡议网络、认知共同体以及主权国家，都在过程层面对国家的偏好带来影响。过程发挥作用的机制，主要通过孕育规范、培育集体情感，以形成集体认同。①

如前所述，过程建构主义强调关系本位，行为体之间的关系，是塑造国家认知，并进而影响到国际关系实践的动力，规范孕育于主体间性之中。在过程建构主义那里，国家是国际关系的基本单位，② 在实践中，国家间的社会化互动形成的规范，对于说服国家提供跨国公共物品，与结构层面的国际组织传授的国际规范，同样起到了重要作用。"当社会化进程开始之后，参加的行为体都会感受到伙伴压力，即一个地区许多国家接受新规范后（对新成员）产生的累积效应。当规范被广泛接受以后，规范就被国家当作理所当然之物内化了，并因之成为国家行为适当性的自我判断标准。"③ 除国家之外，以跨国倡议网络和认知共同体为代表的非政府行为体同样对规范和集体认同的形成带来影响，这种影响并不一定遵循结构建构主义那种由结构到单元的路径，有时直接来自国家和非政府组织之间的互动。依靠吸引而非强制的软实力概念有助于理解来自非政府的倡导者的外部力

---

① 秦亚青：《关系本位与过程建构：将中国理念植入国际关系理论》，《中国社会科学》2009年第3期，第78页。
② 同上，第73页。
③ 同上，第79页。

「第四章　国家在提供跨国公共物品中的被动行为」

量对积极—被动供给的推动作用。对于认知共同体来说，通过专业性的报告、展示自己不可替代的知识功能的方式让国家接受相关规范，并为集体目标支付公共物品成本，是很长一段时间的工作内容。对于全球公民社会和跨国倡议网络来说，更是依托社会性运动和游说、宣传等方式推动国家接受观念或政策上的集体目标。

强调社会性的积极—被动供给，依赖于国家在与其他行为体互动过程中产生的集体认同和集体情感。集体认同侧重强调理性因素的影响，是行为体普遍认同主导规范和因之确定的相互身份，包括相互依存、共同命运、同质性和自我约束。[1] 相对于结构建构主义，从中国传统思想中汲取经验的过程建构主义特别强调集体情感的作用，以区分单一强调理性的集体认同。"建立、维系和强化情感性关系，使行为体在情感趋近的情况下产生集体认同，使得集体认同有着更加坚实的基础。这种情感趋近在许多时候不是理性作用的结果，而是在过程中通过不断交往和发展关系而产生出来的，同时情感的接近又促进互动过程的进一步发展。"[2]

比如，存在诸多领土和政治纠纷的中美洲三国：尼加拉瓜、萨尔瓦多和厄瓜多尔，在经历了连年代价高昂的冲突之后，在21世纪意识到新的时代给地区发展带来的新的机遇和挑战，三国间的相互依赖、在全球化浪潮中的共同命运以及在区域、文化和历史传统的同质性，让三国决定放弃敌对政策，携手推进中美

---

[1]　参见［美］亚历山大·温特，秦亚青译：《国际政治的社会理论》，上海人民出版社2008年版。

[2]　秦亚青："关系本位与过程建构：将中国理念植入国际关系理论"，《中国社会科学》2009年第3期，第80页。

· 141 ·

洲一体化进程，甚至开创性地对争议领土丰塞卡湾（Gulf of Fonseca）实行"公地化"的管理方式，便是这种由集体认同推动的国家间的外交变革，并支付公共物品成本的经典案例。① 以绿色和平组织为例，该组织通过在网站和各种公开场合，以行为艺术或集会的方式，运用详尽的数字和具有冲击力的图片展示气候变化对世界各地生态环境带来的灾难性影响，强化决策者和社会对该项议题的关切和感受，则是非政府组织从感情和情绪上加强人类命运共同体的集体情绪，以推动减排政策获取各国和社会的支持的代表性案例。

二、全球公民社会与积极—被动供给

反映建构主义路径的积极—被动供给，通过集体认同、集体情感，规范发生作用。在这种过程中，国家、国际组织和公民社会都作为外部力量与国家互动，并推动供给。在以玛莎·芬妮莫尔为代表的结构建构主义者那里，结构层面的规范"传授"，实际上源自拥有知识权威的认知共同体或具有跨国活动能力的个人倡导者。② 在过程层面，除国家以外，上述非政府组织同样在与国家的互动过程中塑造着规范，影响到国际关系实践。特别是在推动国家承担国际责任、提供公共物品方面，以跨国倡议网络和认知共同体为代表的全球公民社会在推动国家进行跨国公共物品供给的实践中，以其独有的价值规范性和专业性发挥了突出作用，并借助全球化之势，在推动国家提供全球公共物品以实现全

---

① 杨昊、蔡拓："公地化：解决领土主权争端的另一种思考"，《国际安全研究》2013年第3期，第81—83页。

② 如联合国教科文组织中的职业专家，以及红十字会创始人杜南特，对于国际规范的推动均起到了重要作用。见［美］玛莎·芬妮莫尔，袁正清译：《国际社会中的国家利益》，上海人民出版社2012年版。

球治理的过程中扮演了重要角色。

现代意义上的公民社会概念伴随着资本主义商品经济的兴起而出现,表达的是一种从封建社会的政治藩篱支配下解放出来的市民阶层间的关系。在全球化时代,随着全球问题的出现,各种外部性对人类生活造成的诸多影响日益严重,公民社会的概念逐渐被纳入到观察全球治理的视域中,而在国际政治的现实中,各种非政府组织、跨国界的公民运动以及全球性传媒的出现和兴起,也为全球公民社会的兴起奠定了坚实的现实基础。伦敦政治经济学院的赫尔穆特·安海尔(Helmut Anheier)教授对全球公民社会的定义是"存在于家庭、国家和市场之间,在超越于国家的社会、政治和经济限制之外运作的思想、价值、制度、组织、网络和个人的领域"。① 保罗·韦普纳认为全球公民社会包括几乎所有跨国运作的组织,从国际科学团体、跨国公司到所有其他跨越边界活动的自愿性协会;其中以跨国公司为主体的全球市场是全球公民社会运作的重要经济基础。② 有中国学者将其定义为"以全球意识、全球价值为取向、以追求公共目标为活动目的的非政府领域,各种非政府组织、非营利部门和社会运动是其最重要的组成部分"。③

尽管对于全球公民社会是否包含跨国商业力量,在不同学者处存在争议,但东西方学者在对全球公民社会的定义中都强调了全球公民社会主体的跨国性和非政府特征。无论是葛兰西强调的

---

① Helmut Anheier et al. *Global Civic Society*, Oxford University Press, 2001, p. 17, 转引自刘贞晔:"国际政治视野中的全球市民社会",《欧洲》2002 年第 5 期,第 54 页。

② [美]保罗·韦普纳:《全球公民社会中的治理》,俞可平主编:《全球化:全球治理》,社会科学文献出版社 2004 年版,第 190—192 页。

③ 蔡拓:《全球化与政治的转型》,北京大学出版社 2007 年版,第 85 页。

公民社会对争夺"文化领导权"的意义，还是哈贝马斯强调的作为公民社会主体的"生活领域",[1] 抑或发生于苏联和东欧地区的公民社会革命，从理论和现实上，公民社会的主体始终表现出一种跨国性，并且与国家政府有明显的界限。全球公民社会同样如此，各种非政府组织、跨国倡议网络、全球性的传媒，以及认知共同体，总是区别于民族国家而基于共同的信仰或公共目标而独立存在，推动了国际政治多中心的特质，为国际政治添上了一层"人民中心"[2] 色彩，在某种程度上制衡了基于国家利益而选择搭便车的国家行为体的自私倾向。尽管所有国家在全球问题的外部性面前都有整体性的利益，但民族国家的划分依据是行政边界，而全球问题积极或消极的外部性效应纵横交错在每个国家之间。一方面，受到搭便车政策的诱惑，国家行为体倾向于对公共物品的供给采取消极的应对政策；另一方面，国家决策往往受制于国内利益集团的博弈。即使对国内社会而言，有时一国政府也会出现失职，难以有效应对各种问题的外部性影响，做到收益和成本的合理分配。而全球公民社会则往往是基于公共目标或共同信仰组建而成的社会力量，其利益诉求与通过全球化给人们带来的各种跨国效应紧密相关，且涉及到各个领域，能够目标明确地对国家行为体施加压力，推动后者为实现全球治理做出贡献，提供相应的公共物品。其中典型代表为各种跨国倡议网络和认知共同体。

首先，具有规范价值目标的跨国倡议网络，是全球公民社会中的重要组成部分，同时是推动国家积极—被动供给跨国公共物品的活跃力量。在对全球公民社会进行定义时，安海尔直接提到

---

[1] 蔡拓：《全球化与政治的转型》，北京大学出版社2007年版，第203页。
[2] 同上书，第88页。

「第四章 国家在提供跨国公共物品中的被动行为」

这一概念"潜含着一种对人类规范价值的渴求",表达了一种在全球化时代,各种问题的外部性面前世人所具有的"全球身份的认同感"和"全球意识",①这种规范的价值取向保证了全球公民社会将整合了的跨国界的各种力量运用到针对各种领域的全球问题的全球治理之中,推动公共物品的供给。在全球公民社会中,最能体现这种全球价值和规范的,莫过于以道德理念和价值观为核心的活动家网络,即跨国倡议网络。②从减少温室气体排放到推动人权进步和宗教宽容,从种族平等到限制大规模杀伤性武器,各跨国倡议网络不遗余力创建各种论坛,通过在国际平台上的平行活动以及国内的院外游说,向国家行为体施压以塑造后者的外交决策,进而塑造全球治理的进程。此处应当强调的是,伴随新自由主义全球化兴起的各种反全球化运动,很大程度上也是由跨国倡议网络推动的,这些网络同样具有推动国家行为体提供公共物品的功能。其所追求的真正目标是实现世界范围内的公平和正义,消除贫困和剥削,是对借助资本力量进行全球扩张的新自由主义的全球化的反抗。其目标同实现跨国公共物品充分供给的目标一致,旨在消除各种问题的负面外部性影响,保证积极外部性的合理分配。

其次,掌握专业知识的认知共同体(epistemic community),是说服国家提供跨国公共物品的重要推动力。彼得·哈斯给"认知共同体"下的定义是:"某一领域中具有被人们普遍认可的技能的职业群体,在与该领域的决策相关的知识方面,他们具有权

---

① Helmut Anheier et al, *Global Civil Society*, New York: Oxford University Press 2001, pp. 16 – 17, 转引自刘贞晔:《国际政治视野中的全球市民社会》,《欧洲》2002年第5期,第85页。

② [美]玛格丽特·凯克、凯瑟琳·辛金克著,韩召颖、孙英丽译:《超越国界的活动家》,北京大学出版社2005年版,第1页。

威性。"认知共同体有别于其他团体的地方主要体现在它同时拥有共同的原则信念、知识基础和政策目标，特别是致力于推动和影响政府政策的制定。① 值得注意的是，虽然认知共同体致力于影响公共政策的制定，但在实践中，真正使其得到国家行为体的信任，并获得说服国家改变偏好能力的，恰在于其非政治性特征，如国际科学理事会在南极治理体系形成过程中扮演的角色，源自其专业性，以及政治中立地位。实际上，全球化内含有对专家网络的需求，吉登斯将"专家系统"视做一种脱域机制：现代性将社会关系从具体情境中剥离开来，在这种情况下，对于专家系统的信任成为行为体进行预期的保障，② 全球化在全球层面造成了脱域现象，国际关系行为体正如现代性条件下的行为体一样，需要通过对专家系统的信任，寻求外交活动预期的保障。认知共同体因其专业知识上的权威而获得国家行为体的信任，进而改变了国家的偏好，说服国家提供跨国公共物品。

三、案例三：南极与丰塞卡湾

南极和丰塞卡湾，都属于典型的公域（commons），即那些蕴含公共资源的、在国家主权疆界之外的领域空间。③ 南极是一种全球公域，丰塞卡湾的收益和管理则主要在区域之内。公域资源具有消费上的非排他性和竞争性，因此对于行为体来说，对于公

---

① Peter M. Haas, "Introduction: Epistemic Communities and International Policy Coordination," in *International Organization* 1992, Vol. 46, No. 1, pp. 17、18, 转引自喻常森：《认知共同体与亚太地区第二轨道外交》，《世界经济与政治》2007年第11期，第34页。
② [英]安东尼·吉登斯著，田禾译：《现代性的后果》，译林出版社2011年版，第18、25、30页。
③ Susan Buck, *The Global Commons*, Island Press, 1998, p. 5.

「第四章 国家在提供跨国公共物品中的被动行为」

域资源的使用和管理受到强烈的搭便车动机的驱使。在对南极冻结主权的案例分析中，非政府组织在创造规范推动集体认同方面发挥了重要作用，从而保护南极及其丰富资源免遭公地的悲剧，成为难得的全球公域。在丰塞卡湾的案例中，这种推动国家积极—被动供给的动力主要来源于国家之间的互动进程，同质化、相互依赖和共同命运是推动中美洲三国共同管理"丰塞卡湾"的动力来源。

1. 认知共同体与《南极条约》的形成

南极条约体系（包括《南极条约》、南极协商会议以及针对特定问题所制定的条约和协定的集合）是人类社会克服国家集团私利，为人类共同利益而展开合作、化解敏感的主权领土争端的伟大实践，"它表明在无政府状态下，各国有可能进行合作，同意牺牲他们的某些主权来保护所认识到的更高的共同体利益"。[1] 处于该体系核心地位的冻结主权原则为各国用公地化策略应对领土主权纷争提供了有益的借鉴。

早在18世纪70年代，英国探险家即开始对南极海域进行了多次探险，随后的一个半世纪，包括俄国、美国、挪威、法国等多个国家的探险家纷纷涉足南极大陆及其附近海域。伴随着现代民族国家的扩张，各国对南极的探险过程开始出现宣示主权、划分势力范围的情况。目前已知最早对南极大陆提出主权要求的是英国（1908），[2] 在20世纪上半叶探索南极的过程中，挪威和德国也纷纷以投放国旗等方式宣示对南极特定区域的主权，截至

---

[1] [美]熊玠著，余逊达、张铁军译：《无政府状态与世界秩序》，浙江人民出版社2001年版，第192页。

[2] Trevor Hatherton, "Antarctica: the Ross Sea Region", *DSIR Information Series*, 1990, p. 287.

「国家提供跨国公共物品的动力分析」

20世纪50年代，已经有包括英国、法国、澳大利亚、新西兰、挪威、阿根廷和智利七个国家对南极提出了领土要求。冷战时期的超级大国美国和苏联虽未明确提出领土主权要求，但仍保留领土要求的权利。

对于民族国家来说，南极大陆具有某些极富吸引力的功能性特点，如特殊的地理优势所赋予的战略意义、丰富的矿产和生物资源等。这些功能性特点满足了现代民族国家在全球范围内进行扩张的一般性需求，并推动国家对南极展开争夺。在历史上，一些国家围绕该问题也尝试过采用各种方式将公地私有化，比如英国就南极势力划分问题曾先后四次上诉至国际法院（1947、1951、1953、1954），寻求超国家权力机构解决主权纷争，然而遭到阿根廷、智利两国的反对；英国和阿根廷之间甚至一度发生武力冲突，彼此搜查并焚毁对方的考察站；[1] 除诉诸国际仲裁和强制手段外，外交谈判也曾作为解决争议的手段，英国、法国、澳大利亚、挪威、新西兰五国间曾达成默契，互相承认各自的主权领土要求，[2] 然而集团内的外交共识遭到了同样对南极有领土要求的其他国家的反对，常用的解决领土纷争的方法都未能成功地解决相关国家在南极的主权纷争。随着美、苏冷战的升级，南极的战略价值又吸引了两个超级大国的注意。就在南极领土纷争愈演愈烈之时，NGO的力量介入了南极事务。

1957年7月至1958年12月，国际科学联合会理事会（International Council of Scientific Unions，ICSU）发起国际地理年活动，缓和了南极的紧张局势，推动了各国在南极科学研究方面的

---

[1] 吴依林：《〈南极条约〉的背景、意义与展望》，《中国海洋大学学报（社会科学版）》2009年第3期，第10页。

[2] 同上。

合作，并成立了南极研究科学委员会（Scientific Committee on Antarctic Research，SCAR），协调和安排参加地理年活动的国家的科研考察工作，该委员会在日后成为南极协商会议的学术权威，为参会各国提供对南极进行管理的专业建议书。

在国际地理年活动中，NGO突出南极大陆对全人类具有外部性影响的公共功能——科研和环保，为南极各方的相互协商和交流提供了敏感性较低的切入点，促进了各国通过合作以降低在南极发生冲突的意向。1958年，美国国务院向各争议国发出邀请，提出通过建立多边机制以冻结各国的主权要求，将南极的科研价值为全世界所共享，该邀请获得了其他11个国家积极响应。1959年10月，美国、英国、澳大利亚、新西兰、挪威、日本、苏联、阿根廷、智利、比利时、法国和南非12个国家作为原始缔约国，在华盛顿一致通过《南极条约》，同意冻结各自的主权要求。时至今日，围绕冻结主权原则，在NGO的有力推动下，在多边机制的安排下，针对南极的科研、资源、生态保护等问题，各国签订了一系列条约，形成了一个庞大且较完善的南极条约体系。迄今为止，包括中国在内该体系已经拥有50个缔约国，以及28个协商国。①

作为《南极条约》的核心原则，冻结主权体现在该条约的第4条：

本条约的任务规定不得解释为：缔约任何一方放弃在南极原来所主张的领土主权权利或领土的要求；缔约任何一方全部或部分放弃由于它在南极的活动或由于它的国民在南极的活动或其他原因构成的对南极领土主权的要求的任何根据；损害缔约任何一

---

① 南极条约秘书处官方网站：http：//www.ats.aq/devAS/ats_parties.aspx?lang=e。

方关于它承认或否认任何其他国家在南极的领土主权的要求或要求的根据的立场（Art. IV [1]）。在本条约有效期内所发生的一切行为或活动，不得构成主张、支持或否定对南极的领土主权的要求的基础，也不得创立在南极的任何主权权利。在本条约有效期内，对在南极的领土主权不得提出新的要求或扩大现有的要求（Art. IV [2]）。简而言之，既不否认也不认可各国对南极提出的主权要求，并且冻结任何新的主权要求，将对南极的管理专注于有利于人类共同收益的科学研究领域（Art. I [2], II），并且辅之以非军事化原则（Art. I [1], V），倡导合作精神和开放的精神（Art. II, IV [2]），并且通过协商会议的形式，对南极事务进行管理（Art. IX [1]）。

在促成《南极条约》的签订过程中，国际科学联合会理事会所举办的国际地理年活动起到了促进各国交流意见、达成共识的作用，其下属机构南极研究科学委员会（SCAR）在协调会议举办方面也发挥了重要作用，时至今日，SCAR 仍肩负着为各方提供权威科研信息，发布"建议书"等方面的作用。进入 80 年代，SCAR 对南极事务的影响已不再局限于单纯的科研领域，开始涉足政治，在南极条约协商会议特别委员会的建立、规范各国在南极的行动等方面提出要求。[①]

2. 跨国倡议网络与南极矿产资源管理

哈丁在 1968 年发表的题为"公地悲剧"的论文中对公地进行了开创性的描述，他设计了一个对所有人开放的牧场，在该牧场中，所有理性的放牧者都会尽可能多地增加自己放养的牲畜，并从中获取收益。所有牧者的行为导致牧场的过度开发，最终伤害了所有人

---

① 郭培清：《非政府组织与南极条约关系分析》，《太平洋学报》2007 年第 4 期，第 12 页。

的收益。但理性经济人所能做的,就是尽可能多地增加个体收益,然后与所有人共担牧场荒废的后果。① 公地的悲剧展示了对由理性且自私的个体开发公地资源的悲观预期,放牧者通常不会自发合作以对公共资源进行可持续开发。南极洲及其矿产资源具有一般全球公地的特质,包括高昂的排他成本,极为丰厚的资源,国际政府的无政府状态,未实现的私有化,参与者数量众多且多元化,并且处于多次互动结构之中。因此,在历史上,南极同样经历了所有全球公地都会面临的一般情况,如国家间为实现私有化进行的权力斗争,围绕资源归属展开的多元行为体之间的博弈。但由于南极特有的一些属性,如极为脆弱的生态环境,无可替代的科研和环保价值等,缓解了国家间的博弈和竞争,在国际科学理事会(ICSU)的干预和霸权国的支持下,成立了一整套相对成熟的国际机制,用冻结主权的方式,避免了南极成为公地悲剧的牺牲品。

然而,冻结也仅是一项临时安排,如果人类社会能源需求压力持续增加,开采技术不断成熟,限制南极资源利用的成本将会更加高昂。在南极条约体系框架下,1988年各国签署《南极矿产活动管理资源公约》,该公约设计了一整套严格复杂的制度,确保在不对南极环境和特有的生态系统造成影响和危害的前提下进行矿产资源的勘探和开发。② 当然,这也就意味着国家决意采取现实措施,开采利用南极的自然资源。该公约的签订工作在1989年发生了重大转折,法国和澳大利亚出面公开反对该公约,原先持支持立场的国家也先后追随法澳的立场,终止了对该公约的签订工作。各国立场转变,一方面有极其现实的考量,如发达

---

① Garrett Hardin, "The Tragedy of the Commons". *Science*, 1968. 162: pp. 1243 – 1248.
② 《南极矿产资源活动管理公约》全文可参见南极条约秘书处官方网站: http://www.ats.aq/documents/recatt/Att311_e.pdf.

「国家提供跨国公共物品的动力分析」

国家与发展中国家、协商国与非协商国之间、主权要求国和其他国家之间的矛盾和博弈，但各国普遍宣称是出于对环保目标的考量，而首先表态反对的澳大利亚政府也确实承受了来自内和国际公民社会、环保组织的压力。①

1989年，在澳大利亚将《南极矿产活动管理资源公约》提交国会讨论期间，全球公民社会的代表与重工业集团展开了激烈的博弈，绿色和平和库斯特协会携手对澳大利亚国会及政府施压，前者活跃于社会宣传，而后者则依靠自身在专业知识方面的优势直接与政府官员联系，表达对该公约的反对。此时发生的阿根廷军舰搁浅事故成为全球公民社会宣扬自身价值追求的重要证据，该军舰在南极海域发生事故，并造成原油泄漏，从而激起了舆论对南极环境保护的重视，增加了对在南极地区进行工业开发的担忧。在环保组织的推动下，澳大利亚政府最终反对《南极矿产资源活动管理公约》的批准，法国政府随后跟进，建议重新审视该条约。事实上，法澳建议所引发的连锁效应已经改变了条约体系的发展走势，从规范矿产资源活动转向对环境的全面保护。② 最终于1991年通过的《关于环境保护的南极条约议定书》第7条规定"科学研究除外，禁止任何与矿产资源相关的活动"；第25条第2款规定，议定书自生效之日起有效期为50年。换言之，2048年1月14日前，不允许在南极从事任何与矿产资源相关的活动。③

环保组织的努力促进了该协议的通过。对矿产资源活动的冻结，

---

① Sam Blay, Ben Tsamenyi, "Australia and the Convention for the Regulation of Antarctic Mineral Resource Activities (CRAMRA)." *Polar Record* 26.158 (1990): 195—202.

② 吴依林：《从南极条约体系演化看矿产资源问题》，《中国海洋大学学报》2009年第5期，第12页。

③ 同上。

避免了国家为争夺资源可能引发的国际冲突，以及有可能对南极环境造成不可挽回的破坏。实际上，矿产资源作为公共资源，其收益不仅是资源的开发和利用，避免冲突和环境破坏等公共劣品（Public Bads）本身就是在创造和平福利。《关于环境保护的南极条约议定书》可谓《南极条约》确立的冻结主权原则在矿产资源方面的实践，当然该议定书并未对南极矿产资源的最终前途做出决定性的规划，各主权国家也没有完全放弃各自的主权主张，甚至通过国内立法的形式，在不与国际机制发生冲突的前提下为开发和占有南极资源做着准备。① 与此同时，全球公民社会也在不断推动自身的规范价值目标，以各种方式推动各国保护南极这一地球公域，支付全球公共物品成本。绿色和平甚至建立了自己的名为"世界公园"的南极考察站，表明自己拥有在南极进行科考活动的能力，并以此为据要求成为南极条约协商会议的"协商国"。该要求虽未成功，但绿色和平始终积极倡导以世界公园模式管理南极矿产资源。②

3. 中美洲三国对丰塞卡湾的共同开发

丰塞卡湾位于中美洲，被萨尔瓦多、洪都拉斯和尼加拉瓜三国环绕，属于东太平洋的延伸部分，面积约为1800平方公里，

---

① Arabella Thorp, "Antarctica: the treaty system and territorial claims", 英国下院图书馆简报, SN/IA/5040, 18 July 2012. 此外，英国外交部于2009年提交议院的"南极法案草案"中明确申明，BAT为英国海外领土, Draft Antarctic Bill, November 2009。

② "世界公园"的内容包括：明确禁止矿产开发，包括正式的勘探和开采活动；严格保护南极环境及与其相关的生态系统；继续开展实质性的科学研究，但增加对科考站周边的环境绩效的监督和管理，并控制科考站的数量；继续发展旅游业，但要对旅游人数、旅游类型和旅游业对环境的影响进行严格限制；继续捕捞海洋生物资源，但要改进南极海洋生物资源养护委员会（CCAMLR）对这类活动的监督和管理……保护所有海洋物种免于被灭绝，并维护不同物种间的平衡；延续对核试验和核废料存放的禁令；延续对军事活动的禁令，延续"仅以和平为目的"使用南极。参见 Bernard P. Herber, "Mining or World Park-A Politico-Economic Analysis of Alternative Land Use Regimes in Antarctica." Nat. Resources. 31 (1991), pp. 850–851。

「国家提供跨国公共物品的动力分析」

湾内拥有大小岛屿十余座，蕴含丰富的海洋渔业资源。在1821年以前，丰塞卡湾属于西班牙帝国所有。随着西班牙殖民帝国的瓦解，新出现的中美洲三国在陆地边界、岛屿归属和海域划分问题上出现了一系列严重的争端，其中就包括对丰塞卡湾的划界纠纷。

由于经济上的开发，丰塞卡湾水域历来成为三国捕鱼船队和地方机构发生冲突和争执的场所。1969年，以一场世界杯外围赛为导火索，萨尔瓦多和洪都拉斯之间爆发了短暂而血腥的"足球战争"，数千人在这场小型战争中丧生，再加之国内政局的混乱，中美洲国家之间长期缺乏基本的政治互信。

萨尔瓦多和洪都拉斯曾就边界争端展开外交谈判，1980年双方就主要陆地边界达成共识，签署《全面和平条约》，但是包括丰塞卡湾在内的海域划界仍存有争议。80年代末，两国将双方争议提交至国际法院，寻求国际裁决。

在对丰塞卡湾的划界诉讼中，尼加拉瓜也向国际法院提交申请，并获允参加关于丰塞卡湾水域地位问题的诉讼。

国际法院在1992年做出判决，以4票对1票裁决"丰塞卡湾是一个历史性海湾，有三个沿岸国，海湾的封口线是领海的基线……对封口线中部向海的领海、大陆架和专属经济区的权利，则属于丰塞卡湾三国——萨尔瓦多、洪都拉斯和尼加拉瓜——所有……"[①] 国际法院认为，丰塞卡湾三个主权要求国是伴随西班牙帝国解体而产生的，在此之前，丰塞卡湾归西班牙国王所有，三国应根据保有已占有物原则，共享丰塞卡湾的主权。然而，除

---

① 《国际法院判决、咨询意见和命令摘要1992—1996》，第21—22页，联合国出版物，ST/LEG/SER. F/1/Add. 1，国际法院官方网站中文规约，http://www.icj-cij.org/homepage/ch/files/sum_ 1992—1996. pdf。

萨尔瓦多外,洪都拉斯与尼加拉瓜都反对这一裁决,坚持应当对该湾进行划界。至少在1992年,缺乏政治互信的国家间依然难以接受"公地化"的方式共享争端领土主权。

但是随着全球化和区域化的发展,中美洲一体化进程不断推进,由对丰塞卡湾的主权争端引起的国家间紧张关系逐渐成为"公共劣品"(Public Bads),其负面外部性阻碍着区域一体化进程。于是,妥善处理争端,共享丰塞卡湾的丰富资源,追求区域和平这一重要公共物品成为相关国家的共识。

2007年,在萨尔瓦多总统萨卡的倡议下,三国在马那瓜市签署《马那瓜宣言:丰塞卡湾成为和平、可持续发展与安全区》,该宣言指出,为战胜贫困,加强中美洲一体化进程,避免冲突和战争,三国决定共享丰塞卡湾。[1] 为实现这一计划,三国组建了由总统委员会组成的工作组,并拟定《丰塞卡湾可持续发展计划》。[2] 同年,三国常驻联合国代表在联合国第62届大会上致信联合国秘书长,并向其递交附有三国总统签字的《马那瓜宣言》副本。该信中提到,"《马那瓜宣言》及其实施将成为全世界其他区域模仿的榜样"。[3]

用"公地化"(包括"俱乐部模式"和"人类共有遗产模式")的方式取代"产权私有化"的方式,至少面临着如下困难:其一,争端国中的一个或全部不愿放弃可能得到的相对收益

---

[1] 《马那瓜宣言:丰塞卡湾成为和平、可持续发展与安全区》,附于联合国第62届大会会议文件《2007年10月10日萨尔瓦多、洪都拉斯和尼加拉瓜常驻联合国代表给秘书长的信》,A/62/486,第3—4页。联合国官方网站:http://www.un.org/zh/documents/view_doc.asp?symbol=A/62/486&Lang=C。

[2] 同上。

[3] 《2007年10月10日萨尔瓦多、洪都拉斯和尼加拉瓜常驻联合国代表给秘书长的信》,联合国第62届大会会议文件,A/62/486,第2页。联合国官方网站:http://www.un.org/zh/documents/view_doc.asp?symbol=A/62/486&Lang=C。

优势；其二，争端国之间缺乏政治互信，来自国内的民族主义情绪压力限制了国家的外交选择空间；其三，并不存在凌驾于国家之上的公共权威来规范国家行为。

鉴于此，国家总是被诱使或被迫采用"产权私有化"的分配方式。在该案例中，争端国尝试了各种方式解决争端，武力冲突无法解决问题，而且加深了互相之间的对立情绪；外交谈判虽然在陆地边界的划分中取得了一定成效，但并不能完全解决所有问题；国际裁决为三国提供了解决方案，但洪都拉斯和尼加拉瓜对此判决的抵触也让裁决结果成为一纸空文。然而，随着全球化和区域一体化的推进，国家间相互依赖的加深和共同命运感的增强，推动决策者接受了用"公地化"的方式对争议领土主权的共享。这种将规范和集体认同内化为国家决策的积极—被动供给不仅成为相关国家的外交选择，甚至被相关国家作为可被其他国家地区效仿的榜样而加以推广。该种借助联合国这一平台的推广行为本身，也在不断塑造着新的国际规范和集体认同，有助于推动用创建和支持公共物品的方式解决国家间的领土主权纠纷。

第三节 消极—被动供给的动力分析

一、现实主义的集体目标

在第二章中，本书论述了现实主义实际上是一种隐喻的集体行动理论，其基础建立在奥尔森式的集体行动逻辑的基础之上。在强调权力政治的现实主义那里，和平和稳定这样的集体目标并不是不重要的，而是应当从现实出发，依靠国家寻求"权力界定的利益"的方式加以维系。虽然不能像理想主义那样通过对超国家权力机构的设计，或者祈求道德和法律的普遍发展以实现集体目标，但如果国家可以获得权力的优势或者均势，即可保证安全、和平等目标的实现。集体目标首先是建立在个体目标基础之上的，实际上，除了豪斯霍弗式的带有法西斯主义倾向的极端社会进化论观点外，主流现实主义并不鼓励国家破坏国际稳定，对强制力的强调是建立在防止受到被其他国家伤害的基础之上的。正如"安全困境"理论所展示的那样，尽管霍布斯主义的恶性竞争难以避免，但国家的出发点都是维护自身安全，是出于对自身利益的忧虑，而不是主动寻求破坏集体目标。因此，反映现实主义逻辑的消极—被动供给虽然无意主动寻求国际公共物品的供给，与此同时，也并无意寻求破坏公共物品。为国际体系创造的外部性建筑于维护自身国家利益的基础之上，有时这种被动供给是在其他国家强制力的胁迫下做出的妥协，如裁军和限制军备，对这种强制力的抵触和对国家利益的寻求，将会激励国家放弃对公共物品的供给并改变现有权力分配结构；有时被动供给是对情势的被动反映，如均势，造成国家实现某种程度的公共物品供给，但这种迫于情势强制力的自制也会随着情势的变化受到影响。此外，在全球时代，虽然大国间的征伐受到限制，但消极—被动供给依然存在，行为体的多元化并没有从根本上消除国际社会的无政府状态，国家依然会受到来自多元行为体的外部压力，如全球公民社会的极端行动，国际组织的强制执行等。在消极—被动供给中，如果外部的强制力可以被行为体接纳和认可，将有可能转化为更为稳定的积极—被动供给，如果这种供给行动始终依赖强制力的制约而非供给者的认同，那么该种供给将会是短暂和充满不确定性的。

二、权力的分配与消极—被动供给

国际权力分配的不平衡状态，以及国家对于权力平衡的追

「国家提供跨国公共物品的动力分析」

求,推动了国家对公共物品的消极—被动供给。在权力分配不平衡的情况下,处于弱势地位的国家有可能会受到大国的胁迫或诱惑,为了权力优势国的利益进行妥协,并承担公共物品的成本。此外,国家,特别是大国追求权力平衡的努力,也在客观上通过均势制造了国际稳定这一公共物品,而维系均势有时是国家迫不得已的政策取向。

首先,权力分配的不平衡,塑造了消极—被动供给。权力是国际政治研究中最为核心的概念之一,此处强调的权力指能够被运用于强制力的能力,是"威胁或施加剥夺改变他人的能力"。① 摩根索认为国家权力包括地理、自然资源、工业能力、战备、人口、民族性格和国民士气等要素。② 由于天然基础的差别和社会发展的差异,国家间的权力分配将会出现差异。权力分配的差异意味着通过强制能力改变其他行为体能力的差异,对于权力分配中的优势国家来说,就具备了要求弱者调整政策的能力。政策调整的目标当然指向大国的利益,对于弱者来说,由于实力的差距被迫进行的调整与大国的利益一致,但并不一定仅仅是为大国提供私人物品。以霸权稳定论为例,对于霸权国来说,从利益出发维系一个秩序首先是出于自利的目的,但这种利己目的的实现依赖于国际秩序这一集体目标的达成,这也反映了现实主义难以与集体行动和公共目标相彻底区隔。对于霸权国来说,维系一个秩序是基于理性的消极—主动供给行为,而对那些被动纳入该秩序的行为体来说,通常处于被动供给的状态,尽管可以从大国提供

---

① [美]阿诺德·沃尔夫斯著,于铁军译:《纷争与协作:国际政治论集》,世界知识出版社2006年版,第83页。
② [美]汉斯·摩根索著,徐昕、郝望、李保平译:《国家间政治:权力斗争与和平》,第9章。

「第四章 国家在提供跨国公共物品中的被动行为」

的公共物品中获取收益，但同时也需要伴随对公共物品成本的分担。在19世纪末期中国开始与外部世界接触时，独特的天下体系观念和现代的主权国家观念发生了强烈的冲突，并被迫纳入现代国际体系之中，英国等殖民国家通过战争和不平等条约等手段要求清政府接受开放贸易和通商口岸的要求，可以视作被强制纳入该体系的行为体所需支付的公共物品的成本。至少对当时清政府的决策者来说，以不平等条约的形式强加的改变是其利益受到损害的标志，而非搭便车的机会。因此，国家间权力分配的差别，使得小国政策屈从于大国，这种屈从不仅体现在对大国私人物品的补偿，也体现在对符合大国利益需求的公共物品的支付。

其次，国家追求权力平衡的努力，也通过均势制造了公共物品。均势指"一种任何一个大国都不享有主导地位和不能对他国发号施令的状态"，① 其建立在如下前提下：几个行为体的权力相对平等，行为体的最小数目是2；所有国家都希望生存；国家能够在利益基础上实现结盟，并且相信战争等强制力的使用是实现目标的备选方案。② 在国际关系的历史上，很少有像均势政策和对均势的应对更能体现外交的艺术性和技术性，外交史上最闪亮的外交家，无不是善于谋划或应对权力均衡的杰出者，换句话说，对于决策者来说，均势既是一种客观存在的情势，也是一种可被追求的政策目标。③

---

① Vattel, *Droit des Gens*, bk III, ch. Ii, section 47, text in J. B. Scott, The Classics of International Law, *Le Droit des Gens*, Washington: Carnegie Institute, 1916, p. 40. 转引自《无政府社会：世界政治秩序研究》，第80页。

② Inis Claude: *Power and International Relations*, Random House Press, 1962, pp. 90-91.

③ [英] 赫德利·布尔著，张小明译：《无政府社会：世界政治秩序研究》，世界知识出版社2003年版，第82页。

· 159 ·

「国家提供跨国公共物品的动力分析」

作为一种客观状况的均势,是国家间实力分布的一种客观状态,国家或国家集团谁都不具备压倒对方的优势实力,这种匀质化的实力分配限制了国家采取贸然进攻的政策,同时又都准备着为了维护自身利益不断寻求相对优势。客观的均势结构本身让国家的努力转化为对公共物品的支付行动,行为体不断追求优势的努力反倒促成了相对稳定的国际状态。这种互动虽然不像过程建构主义那样创造出规范和集体认同,但确实在物质上塑造了一种特殊的秩序。该秩序状态下的国家虽然无意寻求集体目标的实现,但是迫于对其他行为体获取权力优势地位的担心,每个国家都不断地增强着自身的实力,处于同样逻辑下的不同国家,用增强私人物品的方式联手创造了国际公共物品。当然,这种对公共物品的供给是被动的,受局部的或国际结构的制约,在霍布斯主义盛行的年代,这种消极—被动供给虽然极不稳定,持续时间也较短暂且伴随着破碎的种子,但其创造出来的和平红利为国际法的发展和发挥作用,为社会的发展和进步提供了宝贵的空间。

作为一种政策目标的均势政策,指的是"至少在一定程度上是一方或双方政策的产物"。① 即国家目标是避免出现一个霸权国家或国家联盟,并为此寻求建立联盟,遏制另一方的扩张倾向。英国为遏制法国在欧洲大陆的霸权采取的光荣孤立的政策以及离岸平衡手的身份定位;德国独立后,俾斯麦筹划的一系列同盟体系,从三皇同盟到德奥意三国同盟,都是这种通过寻求建立联盟,以遏制霸权国家的均势策略的代表。对于作为大国政策目标的均势政策来说,消极—被动供给的压力主要由处于弱势地位的小国来承担,即摩根索论述的"从属系统"。在摩根索看来,

---

① [英]赫德利·布尔著,张小明译:《无政府社会:世界政治秩序研究》,世界知识出版社2003年版,第82页。

居支配地位的系统（即大国）通常在天平的秤盘上分量较重，而居于从属地位的系统则可以说是依附于前者……通常是一种主从关系。① 这些位于从属系统的国家，通常被寻求均势政策的强国置于平衡另一集团的位置，比如冷战时期两大阵营内的较小国家，通常被大国驱策成为特定阵营内的组成部分，尤其是那些具有特殊战略重要性的弱势行为体，更易被大国视为实现均势的重要砝码，从而被迫为该阵营的集体目标支付公共物品成本。

三、国际组织与消极—被动供给

在国际关系实践中，国家间的互动是消极—被动供给行为发生的最主要动力，但在国家以外，政府间国际组织和非政府组织有的时候也寻求向国家施以强制力，以迫使后者承担国际义务。

政府间国际组织建立在国家协议的基础之上，对成员施加影响力主要依靠由成员国赋予的"权威"，包括授予性权威、道义性权威和专家权威。② 传统上这些权威会通过说服的方式促进国家为集体目标支付成本，即塑造积极—被动行为，然而这并不意味着政府间国际组织放弃了寻求强制权力，以迫使或诱惑行为体做出特定外交决策。这种强制力一方面来源于其在信息、知识和规则制定方面的权威性，通过选择对信息的披露和对合理性的判断，对国家外交决策造成压力，比如联合国监督停火、国际原子能机构监督可裂变物质以及国际货币基金组织有关经济政策透明度的要求等，都是通过"揭露加以管制"的努力方式。③ 国际组

---

① ［美］汉斯·摩根索：《国家间政治》，北京大学出版社 2007 年版，第 209 页。
② ［美］迈克尔·巴尼特、［美］玛莎·芬妮莫尔著，薄燕译：《为世界定规则：全球政治中的国际组织》，上海人民出版社 2009 年版，第 29 页。
③ 同上书，第 43 页。

织凭借在舆论和规则制定上的权威地位，对国家的行为进行评价和判断，以此对国家的声望和外交行动合法性产生影响。

另一方面，国际组织始终面临着灵活性和效率性之间的张力，如果国际组织的决策须经过全体同意，意味着国家希望保留更多的自主性，如联合国安理会的大国否决权，那么国际组织的效率将会降低，其所承担的功能性作用也将下降。如果国际组织的决策只需特定多数同意，或全体反对才会失效，则意味着国际组织的行动将更有效率，同时相较国家获得更多的权力。从国际货币基金组织、世界银行对特定多数投票运用的增多，世界贸易组织的争端解决机制以及针对安理会改革的呼声，都可以发现国际组织在向着增强效率性的趋势发展。这种趋势很大程度源于发展中国家的要求，如果国际机制缺乏效率性，那么有可能从集体目标中获益的弱势国家的利益将会受到损失，强国具有更强的自助能力，而小国更需要依赖于规则的效力，因此后者有更强的意愿加强国际组织的效力。当然，这种对增强国际组织效力的愿望建立在公平原则之上，推动国际组织向着更有代表性和更有效率性的方向发展，符合发展中国家推动建构更加合理和公正的世界秩序的意愿。

在政府间国际组织之外，非政府组织有时也会尝试运用强制力迫使国家进行国际公共物品供给。为抗议不公正的全球贸易体系，各路非政府组织在1999年汇聚于西雅图，向参加世界贸易组织部长级会议的各国官僚施加压力，参加抗议活动的部分人士采取极端行动，发生了暴力骚乱事故，给当地造成近300万美元的经济损失，另有600人遭到逮捕。[1] 该类运动虽以反全球化为

---

[1] Patricia Campbell, Aran MacKinnon and Christy Stevens: *An Introduction to Global Studies*, Wiley-Blackwell Press, 2010, p. 10.

名,但其所寻求的目标,如更公平的贸易体系和收益分配,其本身也是一种全球公共物品。非政府组织在西雅图的极端行动受到了诸多批评,但导致世贸组织第三次部长级会议未能达成协议。除了通过对政府间国际组织施压,非政府组织的极端行动也会直接指向国家行为体,比如,绿色和平组织为宣传环保理念有时会采取极端行动,如闯入核试验区域以反对相关国家的核试验,与日本捕鲸船对峙以保护海洋生物等。虽然促使有关国家推动环保方面取得了一些成果,但也曾遭遇过国家的激烈反击,如1985年法国炸沉该组织的彩虹勇士号帆船,以阻止该组织前往法国核试验区域的行动。

四、案例四:海洋生物多样性与日本捕鲸活动

海洋生物多样性是一件全球公共物品,从消费公共性的角度来看,海洋生物属于典型的公共资源,即对具有商业价值的海洋生物的捕捞、消费具有非排他性和竞争性的特质。此外,生物多样性的保持具有多重意义,如作为全球基因库(跨越世代的全球共物品),保存了地球现有物种的基因信息;作为地球生态系统的重要组成部分,对于系统的正常运转具有重要作用。[①]

对生物多样性的破坏会导致公共劣品的产生,对人类共同体的利益带来消极影响(在极端情况下,这种消极影响是不可逆的,如物种灭绝),因此维护生物多样性成为一件惠及全球各地区、各世代的全球公共物品。同时,由于公共资源本身具有非排他性的特征,就会增加对行为体采取"搭便车"策略的诱惑。在日本捕鲸活动的案例中,受到利益驱使的行为体采取了该种策

---

① 参见〔美〕英吉·考尔主编,张春波、高静译:《全球化之道》,人民出版社2006年版,第441页。

略，并且在受到国际规范的约束后，依然选择逃避相应责任。来自外部力量，包括其他国家和非国家行为体的强制行动后，日本在捕鲸行动方面有所收敛，甚至在 2014—2015 捕鲸季放弃了捕鲸行动。① 然而，该种动力塑造的供给行动并不稳定，在暂时的克制之后，日本再次开始寻求搭便车行动。

作为海洋生物中最大的哺乳类动物，鲸鱼对于海洋生态圈和海洋生物多样性具有重大意义，对野生鲸类的保护属于创造全球公共物品。随着伴随工业革命带来的捕捞技术的进步、海洋环境污染的加剧，以及气候变暖导致的生态变迁，鲸鱼的数量和种类急剧减少。为了避免出现鲸鱼灭绝，给海洋生态带来巨大消极影响，相关国家于 1948 年签署《国际捕鲸管制公约》，并成立国际捕鲸委员会以保护海洋鲸类资源，对各国的捕鲸行为加以限制。该委员会于 1982 年通过了《国际捕鲸管制公约》附则"暂停全球商业捕鲸活动"，以禁止各国的商业捕鲸活动。

2010 年，由美国导演路易·西霍尤斯深入日本拍摄的纪录长片《海豚湾》获得第 82 届奥斯卡最佳纪录片奖，引起国际社会对日本捕鲸产业的强烈关注和广泛批判。该片揭示了被日本政府有意隐瞒的残酷的海豚（小型鲸鱼）捕猎活动，并用直观的方式展示了惨烈的猎杀活动，将日本的捕鲸行动推到国际舆论的风口浪尖。实际上，在野生鲸类保护领域中，日本始终处于消极的位置饱受国际舆论和外交批评，并在分享海洋物种多样性这项全球公共物品中实际处于搭便车者的位置。日本虽然是国际捕鲸委员会成员国，但在实际行动中对限制捕鲸的政策采取抵抗和反对态度。这种搭便车行为招致国际社会的普遍压力，包括国家、国

---

① 国际捕鲸委员会官方网站，https：//iwc.int/total—catches。

际组织和跨国倡议网络，纷纷运用各种方式推动日本在该领域做出更积极的贡献。虽然有时日本被迫采取了妥协政策，但始终尝试突破和改变这种构建于压力而非认同基础上的妥协。

日本拒绝对该项公共物品承担责任的原因：一方面在于其有着捕鲸传统，并被视作地方文化的组成部分；另一方面源于商业捕鲸行为给日本带来的巨大商业利益。首先，作为海洋国家，日本有着悠久的捕鲸历史，据称可追溯到距今2000多年前的绳纹、弥生时代，[①] 直至明治维新开放国门之前的漫长历史时期，海洋生物都是日本人日常蛋白质的主要来源。《海豚湾》一片所揭露的捕杀海豚地点，和歌山县太地町町长曾表示"捕杀海豚不违反任何法律，有必要在理解地方传统和实情的基础上相互尊重对方的饮食……这部片子却无视我们的传统"。[②] 但实际上，日本的捕鲸行业，尤其是远洋捕鲸行为是战后发展起来的产业。一方面，二战结束后面临困境的日本再次选择鲸鱼肉作为主要的蛋白质来源；另一方面，现代化交通工具和捕鱼工具赋予日本远洋捕鲸的能力。据相关统计，日本在太平洋海域共有捕鲸船1000余艘，捕鲸渔民及相关产业工人10万人，[③] 在捕鲸业的背后是造船业、海底勘探业等庞大的产业链，成为日本海洋经济的重要组成部分。"日本对海洋经济高度重视，国际禁止商业捕鲸已经被视为有碍日本海洋经济安全，维护国民经济增长的重大问题之一"。[④] 总之，获取海洋渔业资源的传统是日本拒绝限制自己商业捕

[①] 周暄明：《日本捕鲸文化的现象和本质》，《日本学刊》2011年第2期，第129页。
[②] 同上，第130页。
[③] 同上，第131页。
[④] 王海滨：《浅析日本捕鲸外交》，《现代国际关系》2011年第10期，第31页。

鲸行为的外交理由,而背后的经济利益则是该种行为的物质基础。

推动日本为该项全球公共物品承担支付责任的外部力量既来自国家,也包括公民社会。首先,日本虽然是国际捕鲸委员会的成员国,但拒不承认《暂停全球商业捕鲸行动》的有效性,在美国政府拟采取经济制裁剥夺日本在其专属经济区内捕鱼权等压力下,1988年1月日本才被迫承认该禁令的有效性,并转而进行"科研"名义下的捕鲸活动。① 美国通过运用相对于日本的优势力量,以报复和制裁威胁的手段强迫日本承认国际协议的效力,在维护全球公共物品上做出妥协。

其次,澳大利亚借助国际法院的效力,起诉日本在南极海域的捕鲸行为。在签署《暂停全球商业捕鲸行动》之后,日本虽然表面上接受了相关国际协议的合法性,但这种消极—被动供给并未能转化为日本对公共物品供给的深刻认知,仍借口"科研"的名义持续商业捕鲸行为。据相关统计,从2005到2010年间,被日本以科研名义猎杀的各类野生鲸鱼达到3115头。② 澳大利亚认为日本的行为实际上违反了《国际捕鲸管制公约》的规定,以科研为名继续商业捕杀行动。在外交交涉无果后,澳大利亚正式于2010年向海牙国际法院起诉日本违反相关国际公约的行为,国际法院接受了澳大利亚的诉讼请求,并于2014年3月以12票对4票裁决日本在南极海域的捕鲸行为不是"科研行为",并要求日本停止相关行动。③ 日本接受国际法院的裁决,并决定终止在

---

① 王海滨:《浅析日本捕鲸外交》,《现代国际关系》2011年第10期,第31页。
② 刘佳奇:《理论与现实:对澳大利亚诉日本南极捕鲸案的理性审视》,《国际论坛》2013年第15卷9期,第42页。
③ 《国际法院的报告(2013—2014)》,第26—29页,联合国正式文件:http://www.un.org/zh/documents/view_doc.asp?symbol=A/69/4。登录时间:2015年2月25日。

南极地区的捕鲸行动。澳大利亚通过诉诸国际法院,寻求国际裁决的方式对日本的海洋渔业资源破坏行为加以遏制,国际法院的裁决支持了对日本的相关指控,并驱使日本在一定程度上放弃对海洋渔业资源的破坏行为,是迄今为止迫使日本消极—被动支持全球公共物品的最大成就。

最后,与美国和澳大利亚的压力相比,全球公民社会和跨国倡议网络在对日本施压方面采取的措施更加激烈。以海洋守护者协会和绿色和平组织为代表的环保组织不仅在舆论上对日本捕鲸行为施加压力,更是在实际行动上冲撞日本捕鲸船,阻挠日本的行动。海洋守护者协会(Sea Shepherd Conservation Society)是一家在美国和荷兰注册的非政府组织,其主要宗旨是保护鲸鱼、鲨鱼、海狮、海豹等海洋动物,并倾向于采用毁坏和其他物理方式妨碍捕鲸船作业的直接行动。该组织自2005年起就开始与日本捕鲸船发生缠斗,通过妨碍航行、捕捞活动等方式阻止日本捕鲸船活动,2010年甚至发生了海洋守护者协会船只被日本捕鲸船撞沉的激烈事件。海洋守护者协会的施压行为不仅体现在直接妨碍捕鲸作业,还通过自身组织与澳大利亚政府的关系,促成了澳大利亚对日本的诉讼行为。实际上在国际法院裁决之前,日本就多次以捕鲸船员的安全为考量限制了捕鲸行动。

从国际捕鲸委员会官方网站的统计数据可以看出,1988年日本在美国的压力下被迫承认《暂停全球商业捕鲸行动》后,商业捕鲸数量急速下降,但此后仍以"科研"名义捕鲸,实际上违反了国际义务。2014年,国际法院在澳大利亚的诉讼请求下,做出要求日本停止相关行动的裁决后,日本在2014—2015捕鲸季停止了在南极海域的捕鲸行动。拥有捕鲸传统和庞大海洋产业经济链的日本对保护鲸类,维护海洋生态多样性这一全球公共物

「国家提供跨国公共物品的动力分析」

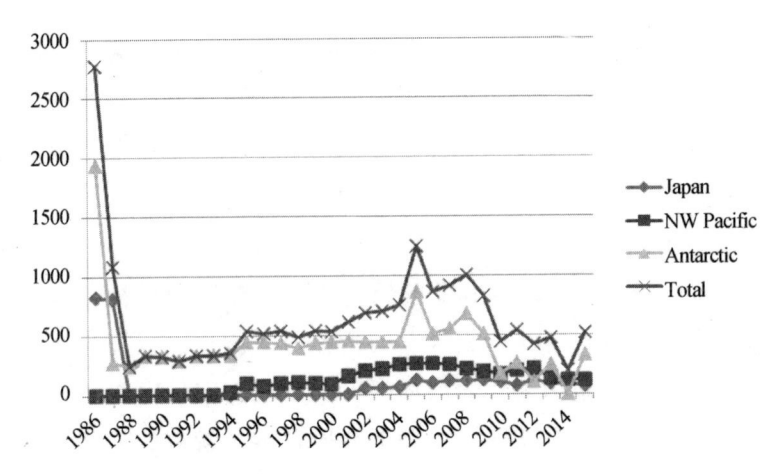

图 4—1　1986—2015 年，日本在沿岸、西北太平洋及南极地区捕猎鲸鱼数量①

品持消极态度，不愿为这一全球公共物品支付成本，但是来自其他国家、国际组织和非政府组织运用包括外交、法律甚至暴力等方式迫使日本在一定程度上采取了妥协政策。当然，建立在强制力而非认同基础上的消极—被动供给并不稳定，长久以来，日本也一直寻求改变对该类公共物品的供给行为，包括早期利用科研名义为掩饰的商业捕鲸行动、利用政府开发援助为筹码换取国际支持等。2015 年之后，日本再次以"科研"为名开启在南极海域的捕鲸行动。对于有着强烈搭便车动机的日本来说，只有当其对海洋渔业资源保护持有更高的认同，并实现产业经济转型，变消极—被动供给为积极主动的行为，才有可能保证该项公共物品得到日本长久稳定的支持。

---

① 国际捕鲸委员会官方网站：https：//iwc.int/total—catches。

第五章

国家在提供跨国公共物品中的无意识供给

只要我们没有根除国内政治的暴力,我们就无法设想没有暴力的外交。某一个国际社会成员国内部发生的事情,对国际社会其他成员国来说,不可能是无足轻重的事情。

——雷蒙·阿隆(Raymond Aron)

本章的目的是描述国家提供跨国公共物品的第五种动力模式:无意识供给。与主动供给和被动供给不同,是国家内部的治理体系和治理能力塑造了这种供给行动,而非国家的外交决策过程,但该种供给方式通常会反过来对外交决策提出要求。本章首先界定无意识供给的定义,描述该种国家供给的特征;随后分析塑造该种供给行动的动力因素;最后,以案例说明,旨在用国际关系中的实践还原该类供给方式。

第一节 无意识供给的定义与特征

与前面四种供给方式都不同,无意识供给与国家决策没有直接关系。该类公共物品并不是国家意志的结果,而是由特定国家在特定时期的特质造成的不可避免的外部性,这些特质包括国家内部的治理体系和治理能力。无意识供给的公共物品有时表现为正面的外部性,有时也表现为负面的外部性,一个国家在知识、技术和管理经验方面的创新会成为其他国家效仿的对象并促进其他国家的发展,而在环境治理方面的缺陷则会对周边国家环境造成负面影响。

虽然无意识供给的外部性的产生并非直接源于国家的外交决策,影响行为体决策过程的各种变量较少直接影响到该类公共物品的供给,但在现实中,该类公共物品常常给国家间关系以及全球治理造成重大影响,规范、控制这种外部性造成的挑战,反过来会对国家决策提出要求,并推动行为体从国家内部的治理体系和治理能力方面着手进行相应的政策调整。因此,在以上四种供给方式之外,有必要对该种跨国公共物品供给方式给予更多的重视。

一、无意识供给具有高度的敏感性

在制度主义那里,敏感性指一个国家的政策调整对另一个国家需要付出成本的政策调整造成的影响。[1] 由于国家间多领域相互依赖的加深,一国政策调整通常会给其他国家造成影响,相互依赖程度越高的国家间,敏感度越高。比如,在全球化的今天,一国的财政和金融政策的调整必然会对其他国家的相关政策造成影响。比如,2008年,源自美国国内的次贷危机迅速席卷全球,引发全球经济波动,其负面效果直到今日仍在全世界不断发酵;当泰国在1997年宣布放弃固定汇率时,引发了一场席卷整个东南亚和东亚的金融危机,并且其外部性影响从金融蔓延至政治领

---

[1] [美]罗伯特·基欧汉、[美]约瑟夫·奈,门洪华译:《权力与相互依赖》,北京大学出版社2004年版,第10页。

域；当70年代末中国决心实行改革开放的时候，意味着全球资本和全球贸易有了新的空间，而中国周边国家在吸引外资方面将面临更多的竞争，同时也获得了跨国贸易新的机会；清朝洋务派官僚在19世纪中后期开始推行洋务运动时，意味着欧洲军火商获得了新的大额订单，但该政策调整对东亚其他国家的影响就相对有限；如果时间再往前推，18世纪清政府推行摊丁入亩的财政改革措施，就不会有人认为这会对周边国家、地区，或者欧洲、美洲事务造成任何重要影响，其他国家也不会感受到任何政策调整的压力。

当然，在全球时代，无意识创造的外部性不局限于会对国家间相互关系产生直接影响的领域，如金融、贸易、安全等，还包括会对人类共同体整体性利益产生影响的问题领域，如环境、气候、卫生等。伴随工业化的发展，当在中国国土出现大量雾霾时，污染空气有可能随着大气扩散蔓延至东亚其他国家，尽管从科学上这种蔓延和外部性的外溢效果存有争论，但在政治上，中国国内的空气质量不再是一个单独的内部治理问题，而是会对其他国家造成影响的公共物品，并且引发外交上的回馈，尽管这一外部性并非是有意为之。①

制度主义的"敏感性"概念仍然限定在理性的范围内，侧重有意识的政策调整对其他国家政策调整给外部世界带来的压力，

---

① 自2012年冬天开始在中国境内出现大面积雾霾现象以后，在日本、韩国等东亚国家，甚至美国都出现了国内气候受到中国雾霾影响的言论，并引起相应外交讨论。相关报道可参见刘扬：《中国雾霾让周边国家担忧，飘到日本尚无定论》，环球网，2014年12月12日：http：//hope.huanqiu.com/globalnews/2014—12/5236742.html；姚媛、唐述权：《环保部长陈吉宁回应"中国雾霾飘到美国"》，人民网，2015年3月7日：http：//lianghui.people.com.cn/2015npc/n/2015/0307/c394312—26654376.html，上网时间：2015年2月26日。

这种敏感性与权力紧密相连，是观察国家间权力分布的视角。但是随着全球化的深入发展，人类社会组织多层次的相互依赖加深，无意识供给在很多情况下并不是政策调整的后果，一个国家在对国内问题治理过程中存在的问题，有可能在某个时间点会成为外部性的来源。同样，一个国家内部治理的良性发展，表现在社会管理和科学技术发展的进步，也会给外部世界带来新的敏感性。这种影响并不总是理性政策调整的产物，有的时候是治理能力和体系的外溢，比如，由于美国的工业发展加拿大酸沉降上升，尽管该后果并非源于美国的外交决策，但这种无意识供给必会引起受到外部性影响的国家的外交反应，而美国作为供给国也面对压力，从而以外交协议和国内治理政策的调整作为解决外交争端的反应。① 在分析对跨国公共物品无意识供给的时候应该有一种发展的新的"敏感性"界定，敏感性不仅是以观察国家间权力分配为出发点的，受其他国家政策调整的影响程度的概念，也同时应该是用以观察更广泛的，受其他国家治理能力和治理体系外部性的影响程度的概念，其中反映的不仅是国家间的权力关系，还包括国家内部治理对人类共同体治理的影响。

二、无意识供给的不确定性

与扩展了的"敏感性"概念相关，无意识供给的公共物品具有不确定性。

首先，主权原则确立的行政权限边界通过国际承认的方式可以得到确定，国家的治理权限按照行政边界铺展，但无意识供给

---

① John E. Carroll: *Environmental Diplomacy: An Examination and A Prospective of Canadian-U. S. Transboundary Environmental Relations*, University of Michigan Press, 1983, pp. 1–53.

造成的外部性却纵横交错在国家边界之上。这种生产与消费的偏差本身是公共物品的基本属性，但由于无意识供给并非是国家有意识的政策的产物，没有人能够完全预测出蕴于一国内部治理条件的国内实践会在何时、何地以何种形式出现，并造成何种程度的影响，这就增加了对该类供给方式进行规范和治理的难度，增加了不确定性。比如，一国的知识技术创新不仅会惠及本国的企业和社会，通过现代化的传播方式，也会对其他国家相关产业产生积极作用，知识产权可以作为将这种外部性内部化并加以规范管理的手段，但在跨国层面的知识产权保护制度并不完善的时候，发达国家的知识创新将为其他国家创造搭便车的机会，而确定这种外溢性的具体范围，以及后者究竟在多大程度上从中获益，供给者应当获得何种程度的回报并从这种搭便车行动中获得多少损失，在一个完善而高效的、能够对这种跨国影响做出权威评估的国际知识产权机制建立以前，都具有高度的不确定性。[1]

此外，由于缺少明确的政策解释，该类供给行为容易引发国家间的争议和争端。"国际政治的研究对象是变化不定的人类行为，所以它永远不可能像物理学那样精确，不可能有很确定的理论"。[2] 南美洲亚马逊雨林的蝴蝶煽动一下翅膀，两周以后美国德州将会迎来一场龙卷风。"蝴蝶效应"反映的混沌理论，解释了偶发性因素的外部性影响。正如蝴蝶无意引发飓风并无力对此进行解释一样，无意识供给的供给者无意的行动也并没有事先的政策宣示或预警，对公共物品的权责分配往往滞后于事件的发

---

[1] Inge Kaul, Isabelle Grunberg and Marc A. Stern, *Global Public Goods: International Cooperation in The 21st Century*, 1999, pp. 308–325.
[2] [美] 约瑟夫·奈著，张小明译：《理解国际冲突》，上海人民出版社2002年版，第10页。

生。偶发性的不确定性事件对于集体认同度较高的地区来说，国家间关系的稳定性更为巩固，互相视为朋友的行为体对各自产生的外部性的包容性更强，但对于处于"霍布斯文化"状态下的国家来说，一方的外部性很可能引发受到影响的另一方的强烈反弹，尤其当这种不确定的外部性缺乏相关国家的政策解释时，极易引起由误会和偏见导致的摩擦。比如，中国食品安全监督的漏洞不仅危害到国内的餐饮行业，而且生产材料的跨国流动会让这种食品危机蔓延到周边国家和地区，给中国和周边国家关系造成影响。尽管政府间的合作和协调可以对这种负面外部性进行控制，但社会间的偏见可能会让无意识供给的影响蔓延发酵，从而加深各国社会、民众之间的不信任感。

第二节　无意识供给的动力分析

无意识供给的高度敏感性和不确定性，意味着很难用简单的线性逻辑寻找公共物品供给的动力来源，尽管外部性的来源可以寻求线索进行探明，但这种因果关系往往处于复杂系统中。罗伯特·杰维斯（Robert Jervise）在《系统效应：政治与社会生活中的复杂性》一书中，运用复杂理论视角，考察了国际关系实践中的大量案例，表明国际关系实践处于一个复杂系统之中，系统常常表现出非线性的关系，系统运行的结果不是各个单元及其相互关系的简单相加，许多行为的结果往往是难以预料的。[1] 国际关系系统中行为体的实践在跨越时间和空间的过程之后，结果往往

---

[1] ［美］罗伯特·杰维斯著，李少军等译：《系统效应：政治与社会生活的复杂性》，上海人民出版社2008年版，第3页。

超出决策时的预期,或出现意外的副产品,即"结果并不随意图而来"。① 当然,这种复杂关系并非无规律可循,杰维斯从结构主义的视角出发,强调国际系统的复杂结构对单元的影响,单元在结构中的地位而非其本身特质决定了国际舞台上的实践。

本书认可国际体系在很大程度上设置了处于其中的单元的行事偏好,以及系统的结构特质对于单元行动结果的影响,但国际关系行为体并不仅受到单一系统的影响,国家内部的治理体系同样也是一个复杂系统,这一复杂系统同样会使得国家决策出现意图之外的非线性结果,并且赋予其溢出效应,从而造成公共物品的无意识供给。特别是在特定区域内,行为体自身的复杂系统,包括治理体系和治理能力,使其成为跨国公共物品的无意识供给者。

一、国内政治国际化

在学科划分上,国内政治和国际政治研究各自圈定了相对独立的研究领域,使用各自的学术语言在不同的前提下对不同的研究对象进行分析。詹姆斯·罗西瑙(James Rosenau)在20世纪60年代末提出"联接政治"(Linkage Politics)的概念,强调突破国内政治和国际政治研究的人为藩篱,注重考察国内政治引起的国际后果,以及国际环境对国内政治的影响。②

从广义上讲,重视国内政治对国际政治的影响有久远的学术传统,18世纪康德(Immanuel Kant)从政治制度角度预言共和

---

① [美]罗伯特·杰维斯著,李少军等译:《系统效应:政治与社会生活的复杂性》,上海人民出版社2008年版,第58—63页。
② James Rosenau, "Toward the Study of National-International Linkages", in James Rosenau, ed., *Linkage Politics: Essays on the Convergence of National and International Systems*, New York: The Free Press, 1969, pp. 44–49.

制的普遍实现将促进世界和平,提出了早期的民主和平论。列宁(Lenin)对垄断资本主义转嫁国内矛盾从而引发世界大战的分析则是从政治经济学的角度出发,考察了国内因素对国际政治的影响。在国际政治开始成为一门成熟独立的学科以后,各个流派的理论家都尝试从国内政治的角度出发分析外交决策或国际政治发展。华尔兹(Kenneth Waltz)在《人、国家与战争》一书中从国内制度差异的角度分析国内因素对国际冲突和合作的外溢效果。①以扎卡利亚(Fareed Zakaria)和柯庆生(Thomas Christensen)为代表的新古典现实主义侧重通过对历史案例的考察,观察国家的政治动员能力对外交实践的影响。②功能主义代表人物恩斯特·哈斯(Ernst Haas)在50年代提出"外溢"(spill over)的概念,从国内集团和政党政治的角度分析欧洲一体化的成因,并开创了从政治进程和官僚机构的角度观察国内政治国际化的先河。③ 与此相类似,古勒维奇(Peter Gourevitch)的"第二种设想"理论、④罗伯特·普特南(Robert Putnam)和海伦·米尔纳(Helen Milner)的双层博弈模型理论⑤都从国内政治集团的互动进程以及国家和社会的关系的角度分析国内政治是如何塑造国际体系

---

① [美]肯尼思·华尔兹著,信强译:《人、国家与战争》,上海人民出版社2012年版。

② 李巍:《从体系层次到单元层次——国内政治与新古典现实主义》,《外交评论》2009年第5期,第134—150页。

③ Ernst B. Haas, *The Uniting of Europe*, London: Stanford University Press, 1958, pp: 366—392.

④ Peter Gourevitch, "The Second Image Reversed: The International Sources of Domestic Politics," *International Organization*, Vol. 32, No. 4, 1978, pp. 881 – 912.

⑤ Robert D. Putnam, "Diplomacy and Domestic Politics: The Logic of Two-Level Games," in Peter B. Evans, Harold K. Jacobson and Robert D. Putnam (eds.), *Double-Edged Diplomacy: International Bargaining and Domestic Politics*, Berkeley: University of California Press, 1993, pp. 431 – 468;[美]海伦·米尔纳著,曲博译:《利益、制度与信息:国内政治与国际关系》,上海人民出版社2010年版。

的。在自由主义一侧，70年代以降，尤其是90年代以后，伴随全球化进程的加速和跨国关系研究的兴起，国内政治与国际政治的互动研究开始得到重视，国际政治—国内政治的互动开始成为"跨国关系范式"的重要研究内容，戈尔茨坦（Judith Goldstein）和基欧汉（Robert Keohane）主编的《观念与外交政策》一书，不仅是沟通理性主义和建构主义的桥梁，更是从观念的角度提出了国内政治塑造国际政治的路径。①

在既有研究中，列宁对帝国主义的判断，以及从国内官僚机构和政治进程角度出发的分析，都带有一定程度的线性决定论色彩，在特定的几个变量之间形成清晰的因果关系。其国内政治的分析对象，不管是垄断资产阶级还是政治官僚和政治集团，通常都带有较为清晰的对外行动目标，这些行为体或是通过国内政治的运作实现其对外目标，或是将对外目标的达成作为实现国内目标的工具，并进而塑造了特定的外交决策。正如克里斯托弗·希尔（Christopher Hill）所说，"对外政策永远不能脱离其国内背景的发源地。没有国内社会和国家，也就没有对外政策"。②

以民主和平论和新古典现实主义为代表的分析，落脚点放在国内政治体制和政治能力上，关注一国内部治理状况对国际体系运转的影响，并不囿于国内因素的"外交意图"，摆脱了简单的线性决定论式的因果分析。但一方面，这种对国内因素的考察通常局限于对国家宏大外交战略目标实现的影响，往往集中于战争与和平的高级政治领域；另一方面，国内因素通常是对国家战略

---

① ［美］朱迪斯·戈尔茨坦、［美］罗伯特·基欧汉，刘东国、于军译：《观念与外交政策：信念、制度与政治变迁》，北京大学出版社2005年版。
② ［英］克里斯托弗·希尔著，唐小松等译：《变化中的对外政策政治》，上海人民出版社2007年版，第39页。

「国家提供跨国公共物品的动力分析」

目标和外交选择进行解释的一种依据,是在国际体系结构之下的一种中间变量,缺少主动塑造外交关系的基本动力。

在全球时代,一国内部的治理情况必然对外部治理造成影响,这种影响不仅是国内政治集团或官僚组织"有意识"的政治行动的产物,很多情况下是在国家间多领域的复合相互依赖背景下"无意识"的结果,换句话说,外交并不是特定变量的线性结果,而是在多种因素交互影响下的非确定性结果;此外,这种影响不仅是对国家特定外交选择的一种"合理"分析,而是本身具有能动性的、会对国家间关系造成影响的具有不确定性的自变量。这种源自一国内部治理体制和治理能力,具有高度不确定性的国内政治国际化现象,实际上反映了一种混沌理论的观点,即国家内部治理对外交以至全球治理的影响是有规律可循的,但这种规律伴随着的是诸多随机因素,以及随机因素之间的不规则互动,这种随机因素和不规则互动,表现为特定行为体的公共物品的无意识供给行为。

二、国家治理与全球治理

相较于传统的国内政治国际化的研究和跨国范式的国内政治—国际政治互动研究,用"国内治理的外部性影响"更切合对无意识供给的描述,一国内部治理的外部性发生机制受如下因素影响:

首先,一国内部治理的权威体系。一个国家的权威体系,既包括政治权力的组成方式,即政治制度,也包括价值观念体系。从广义上讲,康德的民主和平论和华尔兹对国家政治制度的外溢效果的分析都侧重对一国政治制度外部性的分析,而在无意识供给中,国家的政治制度还会通过决策者意料之外的方式对外部世界产生影响。一个国家制度建设的质量，会体现在该制度的内部治理体系、合法性和稳定性水平上，当一个国家的制度建设拥有高质量的管理体系，在价值观念上鼓励创新并且尊重社会发展的权利时，将会促进内部社会的良性发展，在知识、技术和管理等方面创造出更多的正面外部性。相反，如果一个国家的制度建设反映了较为保守和陈旧的价值观念体系，缺乏对规则的尊重，不具备充分的合法性基础和稳定性基础，那该国更有可能制造负面的外部性，尤其是当一国的治理体系和价值观念与外部世界的差异较大时，将伤害到与外部世界一道协调处理无意识供给造成的后果的能力。比如，由于普遍缺乏对人权的尊重和高压的社会管理手段，造成一国公民和边防士兵外逃现象，由此给周边国家的边境稳定带来消极影响。与此同时，与国内治理情况相一致，由于对国际法的漠视，有的国家处理边民外逃的方式常常威胁到邻国利益，越境逮捕以及边防人员的越境犯罪行为对邻国边境地区的稳定造成消极影响。这种负面外部性很难归结为国家有意识的政策行为，但国内治理体系和价值观念的落后性，不可避免地制造了负面外部性，而且增加了与相关国家协调解决问题的难度。

其次，一国内部治理的能力。治理能力既包括政府的管理能力，也包括社会的能力。一国政府是否具有足够的治理能力在边界内实现良治，将决定无意识供给以何种外部性性质对外部世界产生影响。以亚洲金融危机为例，泰国政府孱弱的金融管理能力和财政能力不可避免地使其成为金融风暴的发源地，而中国在环境保护方面的能力建设的发展情况，也将决定可以在多大程度上为邻国的环境制造正面外部性或负面外部性。特别需要强调的是，无意识供给的国家能力基础并不一定体现在整体的有效性，有时更需要管理的灵活性。很难期待一个垄断资源的全能政府可

「国家提供跨国公共物品的动力分析」

以面面俱到地处理国家事务的方方面面，以分权和自治为方向的现代公共管理方式将更有可能及时地对社会事件和发展趋势做出反应，网络化的公共管理机构更有助于提高公共服务水平和社会创新，从而避免负面外部性的蔓延，推动正面外部性的创造。

与公共管理的能力相关，一个国家的治理能力并不仅局限于政府，同时反映在社会能力上，包括社会组织能力和社会治理能力。一方面，一国社会能力的增强，意味着在监督公共组织、提高透明度等方面对国家改革和现代化的进程提供助力，是国家治理能力灵活性的体现；另一方面，社会能力的强弱差异，将决定在社会层面的对外交往中一国无意识创造的外部性的优劣。比如，当一国本身社会能力较高时，在公共外交方面有可能为该国博得更好的声誉，并有可能协助化解政府间难以解决的高度敏感问题。而当一国本身社会能力低下，缺少自律和自治的能力时，不仅难以对政府能力起到促进作用，还会在社会层面的交往中传播负面外部性，恶化国家间的关系和认知。

"正如跨国的程序和机制对国家治理产生影响一样，国家治理对区域治理和全球治理也会产生重要影响。"[①] 这种影响并不一定来源于国家有意识的外交决策，很多时候是一国内部治理外溢造成的无意识行为，当一国内部的治理体系和治理能力较高时，这种外溢倾向于表现为正面的外部性，反之，则有可能反映为负面的外部性。此外，一国内部的治理体系和治理能力并不仅仅决定无意识供给的种类，还影响到国家是否能够及时地与外部

---

① ［阿根廷］罗伯托·诺格亚：《区域性公共产品、治理与能力建设》，［西］安东尼·艾斯特瓦多道尔、［美］布莱恩·弗朗茨、［美］谭·罗伯特·阮主编，张建新、黄河、杨国庆等译：《区域性公共产品：从理论到实践》，上海人民出版社2010年版，第258页。

世界协调，以有效化解由无意识供给引发的争端和权责分配。

三、案例五：边境的跨境人口流动

以鸭绿江、图们江和长白山为界，中朝之间有1400多公里长的边境线。从20世纪90年代开始，边境地区出现跨境人口流动现象。① 这一群体数量庞大、身份模糊、人员复杂，对人口流出国周边各国的社会管理带来极大挑战，由此带来的外交、社会管理和国际法问题，成为人口流出国外溢的一件公共劣品。跨境人口流动问题的出现源于人口流出国内部的治理状况，② 据相关数据显示，90年代以后朝鲜国内生产总值连年负增长，在2000年后形势虽有好转，但也始终在低水平增长和负增长间徘徊。③

---

① 关于这一群体的数据，不同机构在不同年份的统计出入较大，GoodFreiends认为2005年中国境内有5万名"脱北者"，International Crisis Group在2006年认为这一数字为1万，约翰霍普金斯大学在2010年的一份报告中将这一数字定为6824，韩国统一研究所（KINU）在2013年的统计中认为这一人数在27500上下，详见Kirby M D, Darusman M, and Biserko S. *Report of the Detailed Findings of the Commission of Inquiry on Human Rights in the Democratic People's Republic of Korea*，联合国人权理事会朝鲜人权状况调查委员会，2014，p. 111, A/HRC/25/CRP. 1. http：//www.ohchr.org/EN/HR-Bodies/HRC/CoIDPRK/Pages/CommissionInquiryonHRinDPRK.aspx，访问日期：2016年11月10日。到2012年，随着相关国家的严格管理，这一数字有明显下降，但依然有1.5万人左右。参见朴键一、李志斐："朝鲜脱北者问题的国际化及其影响"，《现代国际关系》2012年第7期，第5页。

② 朝鲜自建国初期就开始承受来自其他国家或国际社会的各种制裁，在冷战的大背景下，来自社会主义阵营的援助在很长一段时间之内抵消了制裁的影响，但冷战结束以后，朝鲜失去了重要的援助来源。在外交事务上，由于韩国民航客机爆炸案、核试验，以及天安舰号等一系列政治事件，该国又招致国际社会的一系列严厉制裁，在能源、外贸、金融、技术等领域受到限制。

③ The Bank of Korea, "Gross Domestic Product Estimates for North Korea in 2014", p. 1, http：//www.nkeconwatch.com/nk—uploads/GDP_ of_ North_ Korea_ in_ 2014_ ff. pdf，访问日期：2016年11月10日。

「国家提供跨国公共物品的动力分析」

表5　朝鲜国内生产总值（1990—2014）[1]

North Korean GDP Growth (percentage change over previous year)

'90	'95	'00	'01	'02	'03	'04	'05	'06	'07	'08	'09	'10	'11	'12	'13	'14
-4.3	-4.4	0.4	3.8	1.2	1.8	2.1	3.8	-1.0	-1.2	3.1	-0.9	-0.5	0.8	1.3	1.1	1.0
(9.8)	(9.6)	(8.9)	(4.5)	(7.4)	(2.9)	(4.9)	(3.9)	(5.2)	(5.5)	(2.8)	(0.7)	(6.5)	(3.7)	(2.3)	(2.9)	(3.3)

Note: Figures in parentheses represent South Korea's GDP growth rates, based on 2010 year prices.
与2010年相比韩国GDP的增长率。

由于失去了焦炭、原油等工业能源来源，朝鲜工业陷入崩溃边缘，据鹦鹉螺研究所（Nautilus Institute）的数据显示，该国的能源供给和消费需求在1990年分别为1703PJ和1342PJ，到1996年，这组数字分别骤降至943PJ和645PJ，至2009年则跌至642PJ和538PJ，反映出工业的崩溃局面。[2]

表6　朝鲜能源供应、需求概算（1990、1996、2009）[3]

	供应	需求
1990	1703PJ	1342PJ
1996	943PJ	695PJ
2009	642PJ	538PJ

---

[1] The Bank of Korea, "Gross Domestic Product Estimates for North Korea in 2014," p. 1, http://www.nkeconwatch.com/nk—uploads/GDP_of_North_Korea_in_2014_ff.pdf，访问日期：2016年11月10日。

[2] D. Von Hippel, P. Hayes, *Foundations of Energy Security for the DPRK: 1990 - 2009 Energy Balances, Engagement Options, and Future Paths for Energy and Economic Redevelopment*. Nautilus Institute Special Report: Sustainability, NIfSa, 2012, p. 78、81、139. http://nautilus.org/napsnet/napsnet—special—reports/foundations—of—energy—security—for—the—dprk—1990—2009—energy—balances—engagement—options—and—future—paths—for—energy—and—economic—redevelopment/，访问日期：2016年11月10日。

[3] Ibid.

在农业上，1995年至1997年朝鲜先后遭遇了历史罕见的洪涝和干旱灾害，据联合国粮农组织（FAO）数据显示，1995年该国粮食相较1994年减产47%，1996年的粮食产量仅相当于1993年的1/3，直到2014年，该国粮食产量依然远低于1994年的产量。① 同时，由于饥荒人口非正常减少3%—5%，即60万—100万之间。②

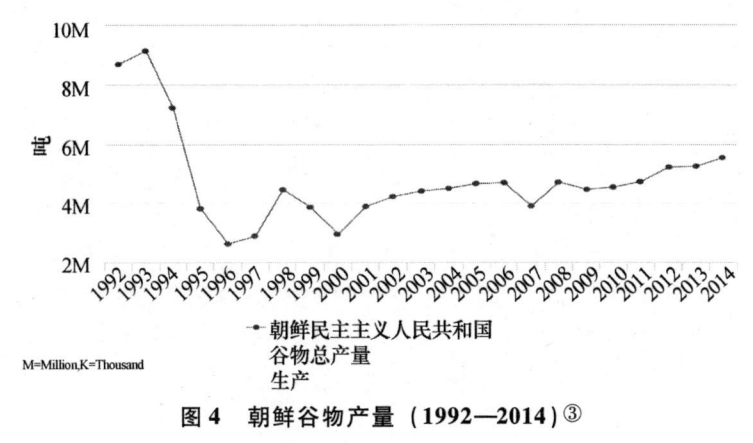

图4 朝鲜谷物产量（1992—2014）③

在经济领域之外，据相关报告显示，该国内部社会治理情况也成为跨境人口流动的重要原因，④ 此外，该国国内的经济状况

---

① 联合国粮农组织数据库FAOSAT，http://faostat3.fao.org/compare/E，访问日期：2016年11月10日。
② Stephan Haggard, Marcus Noland, "Famine in North Korea Redux?", *Journal of Asian Economics*, 2009, No. 20, Vol. 4, p. 385.
③ 联合国粮农组织数据库FAOSAT，http://faostat3.fao.org/compare/E，访问日期：2016年11月10日。
④ 据联合国人权理事会朝鲜人权状况国际调查委员会在2014年发布的报告显示，该国国内存在着普遍的侵害人权状况。Kirby M D, Darusman M, Biserko S. Report of the Detailed Findings of the Commission of Inquiry on Human Rights in the Democratic People's Republic of Korea. 联合国人权理事会朝鲜人权状况调查委员会，2014, p. 111. A/HRC/25/CRP.1, http://www.ohchr.org/EN/HRBodies/HRC/CoIDPRK/Pages/CommissionInquiryonHRinDPRK.aspx，访问日期：2016年11月10日。

「国家提供跨国公共物品的动力分析」

很大程度上受到该国其他领域决策的影响,如 90 年代提出"先军政治"路线,在该路线指导下,朝鲜军费支出高达国内生产总值的 25%—30%,军事负担(军费开支占国内生产总值的比)常年位居世界第一。[1] 高比例的军费支出严重挤占了民需产业所需的资源,不可避免地对经济的发展造成影响。

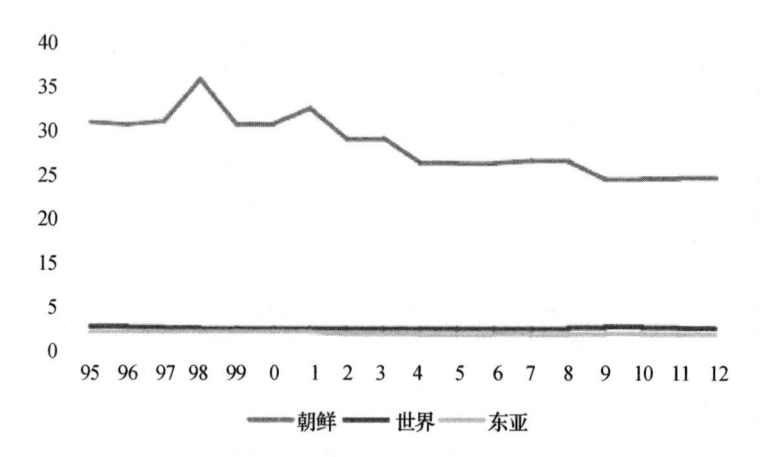

图 5　军事负担(军费开支/国内生产总值)对比(1995—2012)[2]

这种负面外部性并非是人口流出国有意决策的结果,事实上,该国也一直通过严苛的惩罚措施和管理手段限制本国居民的

---

[1] U. S. Department of State. *World Military Expenditures and Arms Transfers* (*WMEAT*) 2005、2015,http://www.state.gov/t/avc/rls/rpt/wmeat/2015/index.htm,访问日期:2016 年 11 月 10 日。

[2] Ibid. 根据 WMEAT2005 和 WMEAT2015 年提供的数据,朝鲜在统计时间范围内的军费开支占到国内生产总值的 22%—35% 之间,同期全世界的军事负担在 2.4%—2.7% 之间,东亚地区的军事负担在 1.7%—2% 之间。

「第五章 国家在提供跨国公共物品中的无意识供给」

跨境流动,①但这种无意识的负面外部性的供给并未能得到根除,而且给周边国家带来了诸多消极影响。一方面,这一群体的跨境流动发生在多个目的地国之间,给边境管理带来挑战;另一方面,选择滞留在其他国家境内的跨境流动人口无法获取合法身份,具有极强的流动性和不易管理的特征,对他国边境地区的社会稳定和管理带来挑战。

此外,无意识供给的不确定性和高度敏感性还反映在其带来的外交纠纷上,人口流出国的国际身份使得从该国流出的跨境人口往往成为国际关注的焦点,为邻国外交带来压力和额外成本。②

源自人口流出国国内治理能力和治理体系的跨境人口流动问题,给周边国家的社会和外交带来了很大的负面效应,与外部世界在政治价值观念和外交方式上的巨大差异,也影响到人口流出国与外部世界和周边国家协商消除这种负面外部性的能力。如果没有国内治理能力和治理体系的变革,仅依靠传统的管制手段难以从根本上解决人口跨境流动问题,其自身和周边国家也都将继续承受这种无意识供给的消极影响。

---

① 该国是世界上少数将非法出境视作刑事犯罪的国家之一,在2004年修订的朝鲜刑法中,第233条"非法出入国境罪"规定非法出入国境的,处2年以下劳动改造。情节严重的,处3年以下有期徒刑。而一旦被认定为叛国罪(第62条),则有可能面临包括死刑和没收财产在内的更严格的惩罚,参见陈志军:《朝鲜民主主义人民共和国刑法典》,中国人民公安大学出版社2008年版,第44页,第13页。实际上,直到1999年第四次刑法修正以前,朝鲜刑法典对"非法越境"和"企图颠覆政权的越境"都没有做出明确区分参见黄志雄、胡建生:《论朝鲜脱北者的国际法地位及我国的对策》,《时代法学》2014年第10期,第6页。

② 2002年5月,在人权组织的策划下,5名"脱北者"闯入日本驻沈阳领事馆,企图以此获得逃往其他国家的机会,在闯入过程中与负责保护领馆安全的中方警卫人员发生肢体冲突,该事件被海外媒体广泛报道,并引起了中国与日本的外交纠纷。该事件实际上是一系列"闯馆"事件的典型代表,虽然问题最终得到澄清,但"脱北者"问题确实给中方的外交工作带来了巨大的额外成本。

结　论

　　金融稳定、环境、大规模传染病的预防和日常安全不再只是国家的奋斗目标，而是全球公共物品，我们需要重新思考如何对他们进行供应和资助。
　　——多米尼克·德·维尔潘（Dominique De Villepin）

一、国家提供全球公共物品与全球治理

　　本书旨在从国际关系的实践经验中，探索推动国家提供跨国公共物品的动力因素，即国家为什么并不始终是搭便车者。在人类整体性利益凸显、相互依赖逐渐加深的全球时代，跨越国界的公共物品对于全球治理是至关重要的，是匮乏的，但并不一定是悲观的。这种谨慎乐观的预测来源于国际关系的历史中，在战争、征讨和冲突的掩藏之下，国家始终受到各种动力因素的推动，创造着跨越国界的外部性。实际上，国际关系本身就是一种集体行动，国际关系理论就是一种集体行动理论。集体行动理论关注的行为体及其性质、集体目标及其性质、行为体互动规则，以及三者之间的逻辑关系，都是国际关系理论关照的研究内容，甚至所有主流国际关系理论都可以找到相应的集体行动理论模板。作为一门学科的国际关系诞生于第一次世界大战之后，探索战争的原因，并致力于消除这一件公共劣品成为该学科创立之初的重要目标,① 通过国联等中间公共物品以实现和平稳定等最终公共物品,是早期理想主义研究者致力的方向。这种研究思路与被强调通过国际机制促进共同福利的自由制度主义者一脉相承,建构主义者则侧重通过互构的共有观念(公共物品)解释国际政治的现实并进行预言。现实主义虽然怀疑集体目标、共同福利等概念在现实政治中的意义,但其本质上依然是一种隐喻的、建立在"集体目标不可实现"前提下的奥尔森式的集体行动理论。既然国际关系是一种特殊的集体行动,那么对公共物品的设计和供给就是必不可少的,尽管国家并不一定明示或重视这样的实践。

与国际关系相似,全球治理可谓是范围最为广泛的全球层面的集体行动,全球公共物品的供给则是全球治理的核心议题。对国家供给实践的分析,有助于从推动国家承担全球公共物品供给成本的角度考察实现全球治理的路径。

首先,它有助于分析国家为什么没有成为搭便车者。尽管供给不足是全球治理面临的重要挑战和国际关系现实,但实践经验上国家并不总是搭便车者,所有五种供给方式都源自国家实践的经验,该种分析路径关注推动国家供给背后的动力机制,以考察国家在什么情况下倾向于承担国际义务;其次,该种分析路径将对公共物品的关注嵌入国际关系研究之中,它接纳公共物品经典分析的方法论,但更重视与国际关系学科的融合,侧重强调在无政府状态下,缺乏公共权威和充分信息条件下多元行为体在国际政治结构下的外交互动,侧重国家治理与全球治理的互动关系;再次,该种分析路径有助于对国家决策

---

① [挪]托布约尔·克努成著,余万里、何宗强译:《国际关系理论史导论》,天津人民出版社2004年版,第218页。

进行预期和分析，通过观察国家外交决策的类型，对特定公共物品供给的前景和趋势进行预测，并有助于对全球公共物品的供给提出应然性建议。

二、国家提供跨国公共物品的五种动力模式

为了对国家提供公共物品的动力进行分析，本书从外交决策的角度，将国家的供给区分为五种类型：从外交决策的进程出发，国家提供跨国公共物品可分为主动供给、被动供给和无意识供给三大类。主动供给指行为体未受到外力作用的情况下承担的国际义务和主动寻求合作；被动供给指国家在受到外部压力情况下做出的供给行为；无意识供给则指由于行为体的国内治理效应外溢造成的公共物品供给。此外，根据供给动机的不同，主动供给和被动供给各自又可区分为积极和消极两类。其中积极—主动主要表现为"被吸引"，往往伴随着观念上的热情，有时甚至是一种意识形态的狂热；消极—主动体现了国家出于成本/收益计算而进行的主动外交行为，反映了"国家理性"；在被动供给中，积极—被动表现为"被说服"，国家在受到外力推动的作用下，表现出对供给行为的认可；消极—被动表现为"被强制"，供给者并未对一项需要付出成本的跨国公共物品产生认同，也并不认为相应的外交行动符合其对相对利益的追求，但却被外部压力所迫，选择了供给。

推动积极—主动供给行为的动力主要来源于观念性力量，包括意识形态的狂热和特定的国际定位，该种供给表现出单边倾向、乌托邦主义和不稳定性；消极—主动供给的动力来源于国家理性，公共物品的博弈结构和公共性分配状况将影响国家的外交决策，该种供给表现出合作性、多边性和长期稳定性；积极—被

「结　论」

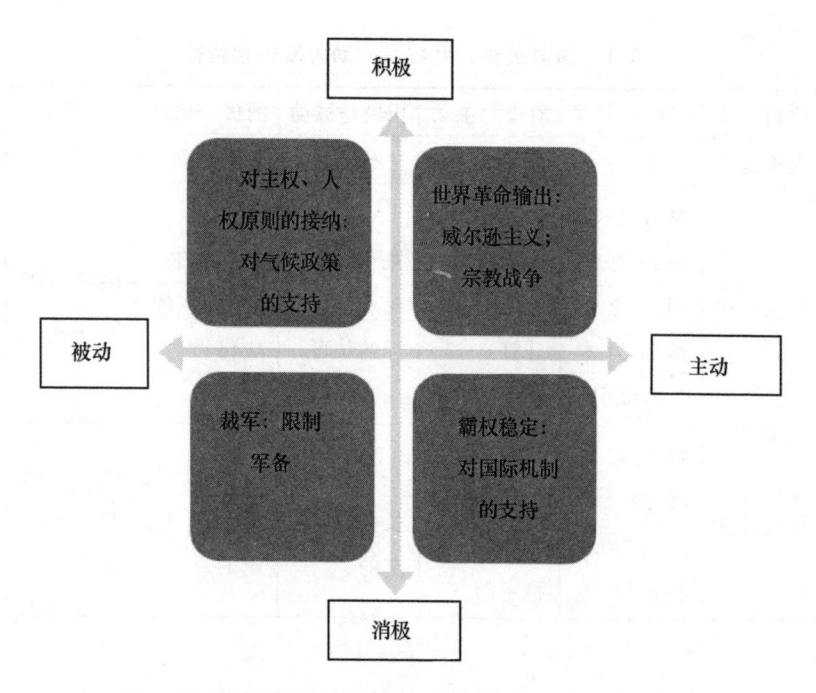

```
                    积极
                     ↑
   ┌─────────┐   ┌─────────┐
   │对主权、人 │   │世界革命输出：│
   │权原则的接纳：│   │威尔逊主义；  │
   │对气候政策 │   │宗教战争    │
   │的支持    │   │         │
   └─────────┘   └─────────┘
被动 ←─────────────────────→ 主动
   ┌─────────┐   ┌─────────┐
   │裁军：限制 │   │霸权稳定：  │
   │军备     │   │对国际机制  │
   │         │   │的支持    │
   └─────────┘   └─────────┘
                     ↓
                    消极
```

图 1　按照外交决策的过程和动机分类的跨国公共物品

动供给的动力源自行为体之间的互动，在互动过程中产生的规范和集体认同、集体情感，说服行为体以进行供给，该种供给反映了过程建构主义的进化特征，并表现出长期稳定性；消极—被动供给的动力则主要源于外部权力的强制和诱使，国际体系和行为体间的权力分布状况，从体系和单元两个层面塑造了国家的消极—被动供给，具有鲜明的权力政治特征和不稳定性；无意识供给的产生则主要源于一国国内治理情况的外溢，国内治理情况包括多领域的治理能力、治理体系，表现出高度敏感性和不确定性的特征。

「国家提供跨国公共物品的动力分析」

表1 国家提供公共物品的动力原因和特征

供给方式	积极—主动	消极—主动	积极—被动	消极—被动	无意识
决策过程	独立	独立	不独立	不独立	无
供给动机	观念、意识形态驱动,被供给行为本身所吸引	国家理性、成本/收益计算	被说服,对供给目标的认可	被强制,对情势的应付	内部治理的外溢
供给特征	乌托邦主义的、单边的、不稳定的	利己的、合作导向的、长期稳定的	互构的、长期稳定的	权力政治的、不稳定的	高敏感性、不确定性

在国家供给的五种方式中,依靠意识形态热情激发的积极—主动供给行为虽然表现出理想主义的激情,但单边主义倾向和频繁的政策变化削弱了该路径作为跨国公共物品供给途径的可靠性。依靠强制力保证的消极—被动供给,也通常会因为行为体间利益的冲突而蕴含着破碎的种子。消极—主动供给和积极—被动供给都表现出了政策的稳定性和较好的合作性,当国家出于国家理性,或出于对公共物品供给的认可,并将公共物品供给纳入国际机制的保障之下,国际合作将会得到保障,国家承担国际义务的行为也可获得稳定和长期的预期。因此,如何将全球治理提出的公共物品供给任务同国家利益有效结合起来,并推动供给议题被民族国家所接受认可,将是推动国家承担国际义务、深化全球治理的重要方式。此外,无意识供给将国内治理和全球治理连接起来,侧重强调国家内部治理的外部性影响,强调全球治理的实

· 190 ·

现离不开国家内部治理体系的现代化和治理能力的提升,这同样具有非常重要的现实和理论意义。

三、国家提供跨国公共物品的特征

本书的目的旨在回答一个问题,即在国际关系的实践中,国家为什么并不总是一个搭便车者,或者说,国家在什么情况下倾向于承担国际义务,支付跨国公共物品的成本。公共选择理论家对集体行动中会影响行为体选择的变量进行了详尽的讨论,国际关系或者全球治理就是一种集体行动,影响行为体在集体行动中进行公共物品支付决策的变量同样在国际层面对国家产生作用,包括行为体的能力、观念和特定议题集体行动的结构特征等。但国际社会的特殊性又使跨国公共物品的供给面临特殊的挑战,而不能仅仅套用传统的公共选择理论的处方。在对"公地悲剧"或"集体行动的困境"的传统应对方法中,公共权威是最早得到认可的解决之道,但无政府状态下的跨国公共物品供给显然无法套用国内框架下的结论,在世界政府出现之前,国际社会面临的挑战是应对"没有政府的治理";产权私有化方案在国际社会的形式是主权原则的确立和扩张,但正如国际关系史展示的那样,在没有公共权威保障之下的产权私有化分配方案,通常带来国家间的主权领土纷争,不仅难以有效地提供公共物品(Public Goods),而且蕴含着公共劣品(Public Bads)的种子。国际关系的特殊性质,使得塑造国家提供跨越国界的公共物品的动力因素具有特殊性,这些特殊性体现在如下几点:

首先,国内治理情况对国家提供跨国公共物品具有重要影响。如积极—主动供给展示的那样,国家在特定时期所具有的意识形态、观念情况将会推动国家进行超越物质理性的国际责任承担行为，当一个特定的行为体处于身份定位认知的转型和重塑时期，该行为体所具有的对自身角色和外部世界的认知状况，将决定该国会以何种方式参与到外部世界的治理之中。此外，如无意识供给展示的那样，在外交决策之外，一个国家内部的治理状况具有外部效应，尤其在相互依赖的全球化时代，国家内部治理体系和治理能力的建设将会决定该国会创造出何种程度和何种性质的外部性，并反过来对相应国家的外交决策提出要求。因此，观察国家提供跨国公共物品的动力必须打通国内政治和国际政治的藩篱，注重两者的互动影响。

其次，国际机制的建设和运转情况对国家提供跨国公共物品具有重要影响。如消极—主动供给展示的那样，奉行国家理性的行为体将会对自身的努力和可能获得的回报做出评估，并进而影响到是否对外部世界创造正面外部性。当用以管理某项公共物品的机制能够对跨国公共物品的消费、分配特别是决策方面保证公平时，或者当机制设计可以平衡公共物品带来的私人收益和公共收益之间的比例时，将会激励国家对支付行为采取更为支持的态度。此外，如消极—被动供给所展示的那样，从功能上看，很多时候国际机制扮演了世界政府或者公共权威替代者的角色，如玛莎·芬妮莫尔所言，当前国际机制的权威性主要来源于道义、知识和合法性，[1] 但与此同时，国际机制在规则调整方面的不断努力，在灵活性和有效性之间的不断调整，意味着国际机制也在寻求不断增强自身在强制力方面的权威性。因此，观察国家提供跨国公共物品的动力取决于国际机制能否在保证公平和满足行为体相对获益需求的前提下，增强权威性和有效性。

---

[1] ［美］迈克尔·巴尼特、［美］玛莎·芬妮莫尔著，薄燕译：《为世界定规则：全球政治中的国际组织》，上海人民出版社2009年版，第29页。

最后，国家之间的互动关系对国家提供跨国公共物品具有重要影响。如积极—被动供给所展示的那样，国家的外交决策会受到与他者互动的影响，行为体之间的互动过程塑造了国家的观念和利益认知，从而推动国家进行公共物品的支付行为，而且从长期来看，良性的互动过程将会推动国家将曾经的被动供给行为转化为更积极或更主动的供给行为，当然恶性的互动过程也会对国家的供给行为产生消极影响。总之，观察国家提供跨国公共物品的动力取决于国家之间的互动过程。

四、国家提供全球公共物品的展望

当我们将关注点转移到应然问题时，国家提供全球公共物品的特殊性也相应地指明了观察国家通过提供全球公共物品以实现全球治理的路径，换句话说，全球治理的实现取决于国家对全球公共物品的供给情况而国家的供给情况，则依赖于以下情势的实现：

第一，国家，特别是主要国家普遍实现内部的善治。当国际舞台上的主要国家普遍建立了高效、公平和透明的内部治理体系，源自一国内部的跨越国界的外部性有望得到清晰的界定和观察，国家也更可能通过合作创设正面的外部性以应对共同挑战，避免不同国家间治理体系的差异给合作带来的障碍。此外，治理能力的增强意味着公共物品支付成本的降低，增强的治理能力意味着全球治理对于国家来说更像是一种可能的获益而非让决策者困扰的挑战。

第二，在公平和满足消费者相对收益考量的基础上增强国际机制的权威性。建立在主权国家同意基础上的国际机制始终处于有效性和灵活性的张力之间，更有效的国际机制将会扮演类似于世界政府的角色,但对灵活性的保留更多地是源自对新权威公平性的信任缺失,以及由这种缺失潜在隐含的国家收益的损失。推动国家提供全球公共物品以实现全球治理,需要加强国际机制的权威性,这些权威性不应仅止于道义、知识和合法性,而应当向更具强制力的方向发展,从而保证奉行国家理性的行为体为了公共利益支付成本,但这种更具强制性的权威必须建立在公平的原则之上,只有在消费、分配和决策的公共性实现平衡的基础之上,国家才更容易赋予国际机制相应的权威性。

第三,推动国家间的良性互动。从长期来看,国家间的互动过程将会塑造国家对自身身份、利益的认知,从而赋予不同外交议题不同的权重,并进一步塑造国家的外交行动。以相互尊重和合作共赢为代表的国家间良性互动,[①] 将会推动国家对全球时代命运共同体的认知,增强对其他国家的信任和对合作的预期,从而推动国家为促进人类整体利益的公共物品支付行为内化为自身的行为规范,甚至将这种供给行动视作自身利益的实现。

在全球公共物品供给依赖于主权国家外交决策的前提下,国家内部治理的进步、国际机制的改革以及国家间互动的改善,其共同目的都在于塑造国家的外交偏好,推动国家利益和全球利益的契合,从而实现国家对全球公共物品的稳定供给。

[①] 2012年中国国家领导人胡锦涛针对中美关系提出的"新型大国关系"是这种国家间良性互动的典型代表,新型大国关系强调"相互信任、平等互谅、相互尊重、合作共赢、追求共同利益"等,参见新华社:《推进互利共赢合作,发展新型大国关系》,人民网,2012年5月4日,参见网址:http://politics.people.com.cn/GB/1024/17804148.html,上网时间:2015年3月30日。

参考文献

一、中文专著

[1] 蔡拓主编:《全球学导论》,北京大学出版社 2015 年版。

[2] 蔡拓:《全球化与政治的转型》,北京大学出版社 2007 年版。

[3] 陈志军:《朝鲜民主主义人民共和国刑法典》,中国人民公安大学出版社 2008 年版。

[4] 樊勇明、薄思胜:《区域国际公共产品理论与实践》,上海人民出版社 2011 年版。

[5] 刘国光、王刚、沈正乐主编:《1953—1957 中华人民共和国经济档案资料选编》(综合卷),中国物价出版社 2000 年版。

[6] 毛泽东:《毛泽东选集》第 4 卷,人民出版社 1991 年版。

[7] 孟轲:《孟子》,中华书局 2006 年版。

[8] 潘忠岐:《世界秩序:结构、机制与模式》,上海人民出版社 2004 年版。

[9] 沈志华主编:《中苏关系史纲》,新华出版社 2007 年版。

[10] 石林主编:《当代中国的对外经济合作》,中国社会科

学出版社1989年版。

[11] 王稼祥：《王稼祥选集》，人民出版社1989年版。

[12] 王泰平主编：《中华人民共和国外交史1970—1978》，世界知识出版社1999年版。

[13] 王逸舟：《创造性介入：中国外交新取向》，北京大学出版社2011年版。

[14] 吴惕安、俞可平：《当代西方国家理论评析》，陕西人民出版社1994年版。

[15] 许云霄：《公共选择理论》，北京大学出版社2006年版。

[16] 阎学通：《国际关系研究实用方法》，人民出版社2007年版。

[17] 俞可平：《全球化：全球治理》，社会科学文献出版社2004年版。

[18] 张建新：《国际公共产品与地区合作》，上海人民出版社2009年版。

[19] 赵鼎新：《社会与政治运动讲义》，社会科学文献出版社2006年版。

[20] 赵汀阳：《天下体系：世界制度哲学导论》，江苏教育出版社2005年版。

[21] 中共中央文献研究室：《建国以来刘少奇文稿》第2册，中央文献出版社2005年版。

[22] 中华人民共和国外交部编：《周恩来外交文选》，中央文献出版社1990年版。

二、中文译著

[1] [美] 阿诺德·沃尔弗斯：《纷争与协作》，世界知识出

版社 2006 年版。

[2][美]埃莉诺·奥斯特罗姆:《公共事务的治理之道》,上海译文出版社 2012 年版。

[3][西]安东尼·艾斯特瓦多道尔、[美]布莱恩·弗朗茨、[美]谭·罗伯特·阮主编:《区域性公共产品:从理论到实践》,上海人民出版社 2010 年版。

[4][英]安东尼·吉登斯:《第三条道路》,北京大学出版社 2000 年版。

[5][英]安东尼·吉登斯:《现代性的后果》,译林出版社 2011 年版。

[6][美]埃里希·弗洛姆:《逃避自由》,国际文化出版公司 2000 年版。

[7][英]巴里·布赞:《世界历史中的国际体系》,高等教育出版社 2004 年版。

[8][美]查尔斯·金德尔伯格:《1929—1939 年世界经济萧条》,上海译文出版社 1986 年版。

[9][英]戴维·赫尔德:《民主与全球秩序》,上海人民出版社 2003 年版。

[10][英]戴维·赫尔德等:《驯服全球化》,上海译文出版社 2005 年版。

[11][意]但丁:《论世界帝国》,商务印书馆 1985 年版。

[12][美]丹尼斯·米都斯:《增长的极限》,吉林人民出版社 1997 年版。

[13][奥]丹尼斯·缪勒:《公共选择理论》,中国社会科学出版社 2010 年版。

[14][法]古斯塔夫·勒庞:《乌合之众:大众心理研究》,

广西师范大学出版社 2007 年版。

[15][美]海伦·米尔纳:《利益、制度与信息:国内政治与国际关系》,上海人民出版社 2010 年版。

[16][美]汉斯·摩根索:《国家间政治:权力斗争与和平》,北京大学出版社 2006 年版。

[17][英]赫德利·布尔:《无政府社会》,世界知识出版社 2003 年版。

[18][德]赫尔穆特·施密特:《未来列强:明日世界的赢家与输家》,世界知识出版社 2005 年版。

[19][美]亨利·基辛格:《大外交》,海南出版社 1997 年版。

[20][美]詹姆斯·罗西瑙主编:《没有政府的治理》,江西人民出版社 2001 年版。

[21][美]卡伦·明斯特:《国际关系精要》,上海人民出版社 2007 年版。

[22][美]卡尔·魏特夫:《东方专制主义》,中国社会科学出版社 1989 年版。

[23][英]克里斯托弗·希尔:《变化中的对外政策政治》,上海人民出版社 2007 年版。

[24][美]肯尼思·奥耶:《无政府状态下的合作》,上海人民出版社 2010 年版。

[25][美]肯尼思·华尔兹:《国际政治理论》,上海人民出版社 2002 年版。

[26][美]肯尼思·华尔兹著:《人、国家与战争》,上海人民出版社 2012 年版。

[27][法]卢梭:《论人类不平等的起源和基础》,商务印

书馆 1997 年版。

[28][美]罗伯特·阿克塞尔罗德著：《合作的进化》，上海人民出版社 2007 年版。

[29][美]罗伯特·吉尔平：《世界政治的战争与变革》，中国人民大学出版社 1994 年版。

[30][美]罗伯特·基欧汉、[美]海伦·米尔纳编：《国际化与国内政治》，北京大学出版社 2003 年版。

[31][美]罗伯特·基欧汉：《霸权之后：世界政治经济中的合作与纷争》，上海人民出版社 2006 年版。

[32][美]罗伯特·杰维斯：《系统效应：政治与社会生活的复杂性》，上海人民出版社 2008 年版。

[33][美]玛格丽特·凯克、凯瑟琳·辛金克：《超越国界的活动家》，北京大学出版社 2005 年版。

[34][美]玛莎·芬妮莫尔：《国际社会中的国家利益》，上海人民出版社 2012 年版。

[35][美]迈克尔·巴尼特、[美]玛莎·芬妮莫尔：《为世界定规则：全球政治中的国际组织》，上海人民出版社 2009 年版。

[36][美]曼瑟尔·奥尔森：《集体行动的逻辑》，上海人民出版社 1995 年版。

[37][美]斯科特·巴雷特：《合作的动力：为何提供全球公共产品》，上海人民出版社 2012 年版。

[38][英]E. P. 汤普森：《英国工人阶级的形成》，译林出版社 2001 年版。

[39][挪]托布约尔·克努成：《国际关系理论史导论》，天津人民出版社 2004 年版。

［40］［美］熊玠：《无政府状态与世界秩序》，浙江人民出版社 2001 年版。

［41］［美］亚历山大·温特：《国际政治的社会理论》，上海人民出版社 2008 年版。

［42］［德］伊曼努尔·康德：《永久和平论》，上海人民出版社 2005 年版。

［43］［美］英吉·考尔等编：《全球化之道》，人民出版社 2006 年版。

［44］［瑞典］英瓦尔·卡尔松等著，赵仲强等译：《天涯成比邻——全球治理委员会的报告》，中国对外翻译出版公司 1995 年版。

［45］［美］约瑟夫·奈、［美］罗伯特·基欧汉：《权力与相互依赖》，北京大学出版社，2002 年版。

［46］［美］约瑟夫·奈：《理解国际冲突》，上海人民出版社 2002 年版。

［47］［美］詹姆斯·罗西瑙主编：《没有政府的治理》，江西人民出版社 2001 年版。

［48］［美］朱迪斯·戈尔茨坦、［美］罗伯特·基欧汉：《观念与外交政策：信念、制度与政治变迁》，北京大学出版社 2005 年版。

三、中文论文

［1］蔡拓：《全球化观念与中国对外战略的转型》，《世界经济与政治》2008 年第 11 期。

［2］蔡拓：《当代中国国际定位的若干思考》，《中国社会科学》2010 年第 5 期。

[3] 蔡拓、杨昊：《试析"硬实力困境"》，《现代国际关系》2011年第2期。

[4] 蔡拓、杨昊：《国际公共物品的供给：中国的选择与实践》，《世界政治与经济》2012年第10期。

[5] 陈文理：《区域公共物品的界定及分类模型》，《广东行政学院学报》2005年第17卷第2期。

[6] 陈志瑞、刘丰：《国际体系、国内政治与外交政策理论》，《世界经济与政治》2014年第3期。

[7] 戴长征：《中国国家治理体系与治理能力建设初探》，《中国行政管理》2014年第1期。

[8] 杜国英、杜国功、高文燕：《论世贸组织的全球公共产品性质》，《世界贸易组织动态与研究》2003年第2期。

[9] 樊勇明：《区域性国际公共物品》，《世界经济与政治》2008年第1期。

[10] 冯巨章：《西方集体行动理论的演化与发展》，《财经问题研究》2008年第8期。

[11] 郭培清：《非政府组织与南极条约关系分析》，《太平洋学报》2007年第4期。

[12] 郭延军：《美国与东亚安全的区域治理》，《世界经济与政治》2010年第1期。

[13] 韩雪晴、王义桅：《全球公域：思想渊源、概念体系与学术反思》，《中国社会科学》2014年第6期。

[14] 黄志雄、胡建生：《论朝鲜"脱北者"的国际法地位及我国的对策》，《时代法学》2014年第5期。

[15] 金熙德：《日本联合国外交的定位与演变》，《世界经济与政治》2005年第5期。

［16］李巍：《霸权国与国际公共物品》，《世界经济与政治》2007年第3期。

［17］李巍：《从体系层次到单元层次——国内政治与新古典现实主义》，《外交评论》2009年第5期。

［18］李增刚：《全球公共产品：定义、分类及其供给》，《经济评论》2006年第1期。

［19］刘佳奇：《理论与现实：对澳大利亚诉日本南极捕鲸案的理性审视》，《国际论坛》2013年第15卷9期。

［20］刘贞晔：《国际政治视野中的全球公民社会》，《欧洲》2002年第5期。

［21］朴键一、李志斐：《朝鲜"脱北者"问题的国际化及其影响》，《现代国际关系》2012年第7期。

［22］秦亚青：《关系本位与过程建构：将中国理念植入国际关系理论》，《中国社会科学》2009年第3期。

［23］沈本秋：《全球公共产品筹资方式研究》，《太平洋学报》2006年第4期。

［24］王海滨：《浅析日本捕鲸外交》，《现代国际关系》2011年第10期。

［25］王缉思：《中国的国际定位问题与"韬光养晦，有所作为"的战略思想》，《国际问题研究》2011年第2期。

［26］王逸舟：《意识形态与国际关系》，《欧洲》1994年第5期。

［27］王逸舟：《中国外交的思考与前瞻》，《国际经济评论》2008年第7—8期。

［28］王逸舟：《中国需要大力拓展高边疆和提供国际公共产品》，《当代世界》2012年第5期。

[29] 吴依林：《〈南极条约〉的背景、意义与展望》，《中国海洋大学学报（社会科学版）》2009 年第 3 期。

[30] 薛晨：《非传统安全问题与国际公共产品供给》，《世界经济与政治》2009 年第 3 期。

[31] 杨昊、蔡拓：《公地化：解决领土主权争端的另一种思考》，《国际安全研究》2013 年第 3 期。

[32] 喻常森：《认知共同体与亚太地区第二轨道外交》，《世界经济与政治》2007 年第 11 期。

[33] 俞可平：《论全球化与国家主权》，《马克思主义与现实》2004 年第 1 期。

[34] 袁正清：《国家利益分析的两种视角》，《世界经济与政治》2001 年第 9 期。

[35] 张建新：《霸权、全球主义和地区主义》，《世界经济与政治》2005 年第 8 期。

[36] 张郁慧：《国际主义在中国外交中的变化及原因》，《哈尔滨工业大学学报》2006 年第 1 期。

[37] 赵晨：《国内政治文化与中等强国的全球治理》，《世界经济与政治》2012 年第 10 期。

[38] 钟飞腾：《霸权稳定论与国际政治经济学研究》，《世界经济与政治》2010 年第 4 期。

[39] 周暄明：《日本捕鲸文化的现象和本质》，《日本学刊》2011 年第 2 期。

四、外文专著

[1] Alfred Marshall, *Principles of Economics*. Digireads Publishing, 2004.

[2] Scott Barrett, *Why cooperate: the Incentive to Supply Global Public Goods*, Oxford University Press, 2007.

[3] D. Von Hippel, P. Hayes, *Foundations of Energy Security for the DPRK: 1990 – 2009 Energy Balances, Engagement Options, and Future Paths for Energy and Economic Redevelopment*. Nautilus Institute Special Report: Sustainability, NIf Sa, 2012.

[4] De Laplace, *Essai Philosophique Sur Les Probabilitis*, Biblio Life, 2010.

[5] Ernesto Zedillo and Tidjane Thiam, *Meeting Global Challenges: International Cooperation in the National Interest*, Report of International Task Force on Global Public Goods 2006.

[6] Frederick Lister, *Decision—making Strategies for International Organizations: The IMF Model*. Vol. 20. Graduate School of International Studies, University of Denver, 1984.

[7] H. E. Daily, ed. *Toward a Steady State Economy*, Freeman Publishing, 1977.

[8] Helmut Anheier et al. *Global Civil Society*, Oxford University Press, 2001.

[9] Inge Kaul, Isabelle Grunberg and Marc Stern, *Global Public Goods: International Cooperation in The 21st Century*, Oxford University Press, 1999.

[10] Inge Kaul, Pedro Coneeieao, *The New Public Finance: Responding to Global Challenges*, Oxford University Press, 2006.

[11] Inis Claude, *Power and International Relations*, Random House, 1962.

[12] James Rosenau, ed. , *Linkage Politics: Essays on the Con-*

「参考文献」

vergence of National and International Systems, Free Press, 1969.

[13] John E. Carroll, Environmental Diplomacy: An Examination and A Prospective of Canadian—U. S. Transboundary Environmental Relations, University of Michigan Press, 1983.

[14] Lynn Miller, Global Order: Values and Power in International Politics, Westview Press, 1994.

[15] Marco Forroni and Ashoka Mody, eds. , International Public Goods: Incentives, Measurement, and Financing, Boston, 2002.

[16] Patricia Campbell, Aran MacKinnon and Christy Stevens, An Introduction to Global Studies, Wiley—Blackwell Press, 2010.

[17] Patrick Karl O' Brien and Armand Clesse, eds. , Two Hegemonies: Britain1845—1914 and the United States 1941—2001, Ashgate Press, 2002.

[18] Ravi Kanbur, Todd Sandler and Kevin Morrison, The Future of Development Assistance: Common Pools and International Goods, ODC Policy Essay No. 25, 1999.

[19] R. Campbell and L. Sowden eds. , Paradoxes of Rationality and Cooperation, University of British Columbia Press 1985.

[20] Richard Cornes and Todd Sandler, The Theory of Externalities, Public goods and Club Goods, Cambridge University Press, 1996.

[21] Ravi Kanbur, Todd Sandler and Kevin Morrison, The Future of Development Assistance: Common Pools and International Goods, Washington: ODC Policy Essay No. 25, 1999.

[22] Robert D. Putnam, Nicholas Bayne, The Seven— Power Summits. Harward University Press, 1984.

[23] Robert Gilpin: *U. S. Power and the Multinational Cooperation: The Political Economy of Foreign Direct Investment.* New York Basic Book, 1975.

[24] Russell Hardin, *Collective Action*, Johns Hopkins University Press, 1982.

[25] The Commission on America's National Interests, *American's National Interests*, 2000.

[26] Susan Buck, *The Global Commons: An Introduction*, Island Press, 1998.

[27] Todd Sandler, *Global Challenges: An Approach to Environmental, Political, and Economic Problems*, Cambridge University Press, 1997.

[28] Todd Sandler, *Global Collective Action*, Cambridge University Press, 2004.

[29] Trevor Hatherton, ed. , *Antarctica the Ross Sea Region*, DSIR Publishing, 1990,

[30] Wolfgang Bartke, *China's Economic Aid*, Institute of Asia Studies, 1975.

五、外文论文

[1] Alexander Wendt, "Why a World State Is Inevitable: Teleology and the Logic of Anarchy," *European Journal of International Relations*, Vol. 9, No. 4, 2003.

[2] Bernard P. Herber, "Mining or World Park—A Politico—Economic Analysis of Alternative Land Use Regimes in Antarctica." *Nat. Resources.* 31, 1991.

「参考文献」

[3] Blay, S. K. N., and Ben M. Tsamenyi. "Australia and the Convention for the Regulation of Antarctic Mineral Resource Activities (CRAMRA)." *Polar Record* 26. 158, 1990.

[4] Bruce Russett and John Sullivan. " Collective goods and intemational organization" *International organization*, Vol. 25, No. 4, 1971.

[5] Charles P. Kindleberger. "International Public goods without intemational governlnent", *The American Economic Review*, Vol. 76, No. l, 1986.

[6] Eric Rasmusen, Game and Information: *An Entroduction to Game Theory*, Wiley-Blackwee, 2011.

[7] GarretteHardin, "The Tragedy of the Commons". *Science*, 1968.

[8] Inge Kaul, "Global Public Goods: What Role for Civil Society?", *Nonprofit and Voluntary Sector Quarterly*, 30: 588, 2001.

[9] Jack Hershlefer, "From Weakest—link to Best—shot : The Voluntary Provision of Public Goods", *Public Choice*, 1983.

[10] Katell Le Goulven, "The International Task Force on Global Public Goods", Swiss Federal Department of Foreign Affairs, 2005.

[11] Kennneth A. Oye, "Explaining Cooperation under Anarchy: Hypotheses and Strategies", *World Politics*, Vol. 38, No. 1, Oct., 1985.

[12] Mancur Olson "Increasing the Incentives for International Corporation", *International Organization*, Vol. 25, No. 4. 1971.

[13] Paul Samuelson, "The Pure Theory of Public Expendi-

ture", *Review of Economics and Statistics* 36 (November), 1954.

[14] Peter Gourevitch, "The Second Image Reversed: The International Sources of Domestic Politics", *International Organization*, Vol. 32, No. 4, 1978.

[15] Peter M. Haas, "Introduction: Epistemic Communities and International Policy Coordination", *International Organization*, Vol. 46, No. 1, 1992.

[16] Ratna K. Shrestha and James P. Feehan, "Contributions to International Public Goods and the Notion of Country Size", *Public Finance Analysis*, Vol. 59, No. 4 2002/2003.

[17] Robert Smith, "Resolving the tragedy of the commons by creating private property rights in wildlife." *Cato.* 1, 1981.

[18] Sabrina Safrin, "Providing Public Goods Under International Law: of Openness and Enclosure", Proceedings of the Annual Meeting, American Society of International Law, Vol. 104.

[19] Stephen D. Krasner, "State Power and the Structure of International Trade", *World Politics*, Vol. 28, No. 3, 1976.

[20] Stephan Haggard, Marcus Noland, "Famine in North Korea Redux?", *Journal of Asian Economics*, No. 20, Vol. 4, 2009.

[21] Todd Sandler, "Global and Regional Public Goods: A Prognosis for Collective Action", *Fiscal Studies*, Vol. 19. No. 3, 1998.

[22] Uma Lele and Christopher Gerrard, "Global Public Goods, Global Programs, and Global Policies: Some Initial Findings from a World Bank Evaluation", *American Journal of Agricultural Economics*, Vol. 85, No. 3, 2003.

六、各国政府和国际组织报告

[1] Road Map towards the Implementation of the United Nations Millennium Declaration Report of the Secretary—General, September, 2001, 联合国正式文件: A/56/326.

[2]《马那瓜宣言:丰塞卡湾成为和平、可持续发展与安全区》,附于联合国第62届大会会议文件《2007年10月10日萨尔瓦多、洪都拉斯和尼加拉瓜常驻联合国代表给秘书长的信》,联合国正式文件A/62/486。

[3]《2007年10月10日萨尔瓦多、洪都拉斯和尼加拉瓜常驻联合国代表给秘书长的信》,联合国第62届大会会议文件,A/62/486。

[4]《国际法院判决、咨询意见和命令摘要1992—1996》,第21—22页,联合国正式文件,ST/LEG/SER. F/1/Add. 1。

[5]《国际法院的报告(2013—2014)》,联合国正式文件A/69/4。联合国人权理事会第二十二届会议决议:《朝鲜民主主义人民共和国的人权状况》,联合国正式文件:A/HRC/RES/22/13。

[6] U. S. Department of State. *World Military Expenditures and Arms Transfers* (*WMEAT*) 2005、2015.

[7] World Bank, *World Development Report* 2000—2001: *Attacking Poverty*. World Bank Publications, 2000.

[8] Banco Mundial, *Global Development Finance*: *Building Coalitions for Effective Development Finance*. World Bank Publications, 2001.

[9] International Bank for Reconstruction and Development, Arti-

cles of Agreement,《国际复兴开发银行协定书》。

[10] Arabella Thorp, "Antarctica: the treaty system and territorial claims", 英国下院图书馆简报, SN/IA/5040, 18 July 2012。

[11] 南极条约组织:《南极矿产资源活动管理公约》。

七、学位论文

[1] 陈霞:《区域公共产品与东亚合作》,复旦大学博士学位论文,2010年。

[2] 吴晓萍:《从国际公共产品的供给到大国软权力的获得》,外交学院博士学位论文,2011年。

[3] 罗鹏部:《全球公共产品供给研究——基于激励和融资机制的分析》,上海师范大学博士学位论文,2008年。

[4] 傅干:《区域公共产品视域下的朝鲜和东北亚合作研究》,复旦大学博士学位论文,2012年。

[5] 薛晓芃:《国际公害物品的管理:以SARS和印度洋海啸为例的分析》,外交学院博士学位论文,2007年。

[6] 伊集院敦:《冷战后朝鲜经济研究》,延边大学博士学位论文,2014年。

[7] 张郁慧:《中国对外援助研究》,中共中央党校博士学位论文,2006年。

致　谢

　　罗伯特·基欧汉和约瑟夫·奈在《权力与相互依赖（第三版）》前言中，引用17世纪英国诗人约翰·多恩的名言 No man is an island（没有人是孤岛），来描述两位作者在学术道路上的相互扶持相互陪伴。但我在进入研究生学习阶段很长时间，尤其是进入博士阶段学习以来，却常常觉得 Everyone is an island（每个人都是孤岛），甚至一度固执地认为是两位作者更改了诗文原句，来适应两人这种在学术圈难能可贵的长期合作。

　　Everyone is an island，很长时间以来，我都觉得"每个人都是孤岛"才更像是诗人对无常生活的嗟叹，才更像是对学海无涯的描述，也更符合我很长时间以来的生活和学习经验。焦虑常常支配着我的情绪，青灯古卷大部分时间都存在于想象中，现实生活中的学习，是不断勉力去应对一个接一个的焦虑和挑战。

　　但是，诗人的原句确实是 No man is an island。对于我来说，这三年比获得博士学位收获更大的，是确认体味到"没有人是孤岛"。

　　No man is an island，没有人是孤岛，选择读博并非心血来潮，从我本科第一次读到蔡拓教授的著作时，蔡拓老师就一直是我继续学业的最大动力。老师在理想主义国际思想上的执着，是我克服焦虑的星光；老师在全球主义研究上的不断开拓进取，是我应对学业挑战的激励；老师在学术良知上的坚守，是我得以把持自

「国家提供跨国公共物品的动力分析」

我完成学业的榜样。如果不是老师的悉心关怀、目光如炬和严格训练，愚钝散漫如我不知沉落何处。老师再造之恩言之不尽，全球情怀早已深入我心，唯有踏实工作，静心钻研，才不负老师知遇之恩。

No man is an island，没有人是孤岛，一个人得以完成博士学业的背后，是一个家庭的包容和支撑。父母不仅从未向长年居于象牙塔中的我施以任何压力，反而对已近而立之年的我伸以各种援手，在漫长的等待中对我包容关怀。唯愿父母身体安康，自己能够早日回报家庭。

No man is an island，没有人是孤岛，感谢同门的师兄师姐：刘贞晔、吕晓丽、王云芳、王金良、吴雷钊、夏林、吴汶燕、曹亚斌、张培豪，是师兄师姐们的模范让我懂得什么是知行合一，让我获益良多。最后，特别感谢本书的责任编辑肖书琪女士，她的热情、细心和体谅，让作者和编辑的每一次交流都成为愉快的体验，是她的敬业和执着，最终促成了本书的顺利出版。

其实，诗人的原句不仅是人生感悟，更是对普遍世界和人类共同体的人文关怀，个人生活与居于其中的整个世界不可分割。生活中没有人是孤岛，整个世界也是不可分割的整体。值此全球化波动、世界局势动荡不安之际，对人类命运共同体休戚与共的认知更显得尤为重要：一种极端主义思潮兴起的后果，通常不是理性的回馈，而是另一种极端主义思潮的隔空对峙，狂热之下，普罗大众成为受害者，集体目标成为牺牲品。实际上，研究者的工作本身即是在创造公共物品，如国家一样，希望我的研究工作能够跳出情绪的控制和强制力的枷锁，在理性和外部世界的良性互动中进行持续的知识供给。尽管这些研究远不成熟，但唯此才是通向目标的务实的理想主义路径 。

「致　谢」

No man is an island,

entire of itself;

every man is a piece of the continent,

a part of the main;

if a clod be washed away by the sea,

Europe is the less,

as well as if a promontory were,

as well as if a manor of thy friend's or of thine own were:

any man's death diminishes me,

because I am involved in mankind,

and therefore,

never send to know for whom the bell tolls;

it tolls for thee.